JN034208

軽トラ市

K mobile-market

まちが活きる可動商店街

愛知大学三遠南信地域連携研究センター 監修

戸田敏行 編著

内山志保
鈴木伴季 著

交文社

愛知県新城市
しんしろ軽トラ市のんほいルロット

商店街の日常

軽トラ市の開始直前

軽トラ市の配置

ココ
桜坂設計
消火栓
橋本屋金物店
Un instant pour moi

軽トラの荷台に
みかん詰め放題
（「定期朝市」
トロントロン軽トラ市）

地域の名産品
五平餅
（しんしろ軽トラ市
のんほいルロット）

古書の循環で
病気の子ども支援
（元祖しずくいし軽トラ市）

軽トラ市 in ジャパンモビリティショー 2023

第 8 回 全国軽トラ市 in はままつ

はじめに

軽トラ市　～まちが活きる可動商店街～

本書を手に取っていただき有難うございます。既に軽トラ市をご存じの方も、軽トラ市を聞いたことのない方もおられることと思います。また、サブタイトルの、「まちが活きる」ってどういうこと、「可動商店街」って何だろう、との疑問もあることと思います。

人口減少が一段と激しさを感じさせるようになって、余程の大都市を除いて固定の店舗の維持が困難になっています。いわゆるシャッター通りですね。一方で、デジタル化の進展が著しく、ネット購買やバーチャル店舗が一般化しつつあります。しかし、バーチャル（仮想）だけが進んでいくとすると、地域の生活空間は残っていくのでしょうか。そこで、これまでの固定のまち、仮想のまちと共に、空間が動くという可動のまちを加えて、固定・可動・仮想の地域ベストミックスを考えていくのが、これからのまちづくりや地域づくりに有効だと考えています。こうした思いが引き出されたのは、軽トラ市との出会いで、軽トラ市は動く商店街、可動商店街と感じてきたからです。もちろん商店街は、ただ物を売っているだけではありません。まちに活気をつくり、人と人とを繋いでいくものです。一見火が消えたようにみえるまち、そのまちが活きる可動商店街、それが軽トラ市です。

いささか大仰に聞こえるかもしれませんが、初めて軽トラ市を見た時、これは人口減少で疲弊する地域や商店街の希望だと感じました。既に、中山間地域や高齢者を対象とした移動店舗には種々の挑戦がみられますが、1店舗の移動では賑わいやまちづくりにまでは、なかなか至りません。

そこに軽トラ市です。筆者が研究対象としているのは愛知県新城市の「しんしろ軽トラ市のんほいルロット」ですが、通常人通りのない商店街に、軽トラ市で人が溢れるのです。軽トラ市開始30分前の午前8時30分、軽自動車が次々と商店街の道路に入ってきます。その数70台。一挙に可動の商店街が現れます（口絵参照）。これは、壮観と言うほかありません。

さて、軽トラ市には、3つの原則があると考えてきました。その原則とは、第1に軽トラック等の軽自動車を店舗に見立てていること、第2に定期的に開催される定期市であること、第3に地域の皆さんが運営を担っていること、の3点です。2005年に岩手県雫石町の「元祖しずくいし軽トラ市」が、文字通り元祖として開始し、現在、全国に100以上に広がっています。そのネットワーク組織を「全国軽トラ市でまちづくり団体連絡協議会」といいますが、略して「軽団連」です。略称もユニークですが、小さな動きから全国を変えるぞ、という気概を感じます。また「軽トラ市」の名称も、誰でも使えることを目的として「元祖しずくいし軽トラ市」によって商標登録されているのです。

本書の構成ですが、これまでに愛知大学で行ってきた調査結果を用いたデータでみる軽トラ市（第2章、第4章）、そして軽トラ市に直接関連する方々のインタビュー（第1章、第3章、第5章）から成り立っています。日本の中核的な軽トラ市を三大軽トラ市と呼びますが、前記の岩手県雫石町「元祖しずくいし軽トラ市」、愛知県新城市「しんしろ軽トラ市のんほいルロット」、そして宮崎県川南町の「『定期朝市』トロントロン軽トラ市」です。これらのリーダーに語っていただくことは、実録軽トラ市です（第3章）。

もう一つの軽トラ市の特徴は、軽自動車業界との連携です。軽自動車業界を代表する方々のお考えも聞いていただきたいと思います（第1章、第5章）。自動車業界は100年に一度の大変革と言われますが、まちづくりと自動車産業がコラボする好機とも言えます。人や物を動かすだけではなく、まちという空間を動かすのです。そこに軽トラ市のもう一つの可能性があります。

軽トラ市との出会いから10年ほどになりますが、この間、全国の軽トラ市から学んできました。本書は、軽トラ市の魅力を知っていただき、できれば軽トラ市を始めていただきたいという思いから出版に至ったものです。全国に100以上の軽トラ市と書きましたが、コロナ禍から回復しきっていない軽トラ市も多くあります。軽トラ市の再生から拡大に、まちが活きる軽トラ市の広がりを願ってやみません。

では、自動車業界のレジェンド、鈴木修さんへのインタビューから、軽トラ市の物語を始めてまいりましょう。

愛知大学三遠南信地域連携研究センター長　戸田敏行

軽トラ市　まちが活きる可動商店街　◆目　次

第１章
軽トラ市の魅力

１. 軽トラ市の魅力

２. 自動車企業と軽トラ市

３. 全国の軽トラ市へ

４. 軽トラ市の未来

長らく軽トラ市をバックアップしてこられた自動車業界のレジェンド鈴木修氏に軽トラ市の魅力を聞きます。インタビューは、2023年8月２日に実施しました。

鈴木　修氏
スズキ株式会社相談役。１９５８年（昭和33年）入社、１９７８年（昭和53年）代表取締役社長に就任。１９３０年（昭和５年）、岐阜県下呂市（旧下呂町）出身。

1. 軽トラ市の魅力

■最初に軽トラ市に行った時の感想をお聞かせください。

初めて軽トラ市に行ったのは、２０１４年９月に岩手県の雫石町（当時人口１万７０００人）で開催された第１回目の全国軽トラ市だったと思います。雫石町は、２００５年に中心商店街の活性化を目的として、全国で初めて軽トラ市が開催された町です。農家の皆さんがその日の朝に収穫した野菜などを、普段使っている軽トラックに積み込んで、商店街に乗り付けて、軽トラックの荷台をそのまま売り場にしてお客さまに買っていただく。そんなシンプルな考えから始まったと伺いました。シンプルなやり方ですが、年間で２万人を超える集客があるとのこと。

どうしてそんなに人が集まるのか、と不思議に思いながら実際に軽トラ市に行ってみて納得です。軽トラ市と既存の商店街は共存できるんですよ。私は、それまで軽トラ市がある日は、商店街のお店はシャッターを下ろしてしまうものだと思っていました。ところが、実際軽トラ市に行ってみたら開いているお店がたくさんあったんです。どうしてだろう、と思いながら軽トラ市を楽しんでいたら、ハタと気づきました。軽トラックの荷台の高さというのが、実は車道に停めてお

軽トラックの荷台と歩道の高さ、荷台越しの店舗へ向けられる視線の絶妙な関係について、図を描いて説明。

※「第8回全国軽トラ市 in はままつ」は、2023年12月3日、出店137台、来街者6万人で盛大に開催された。

店として使っても、お客さんの視線を遮ることなく、軽トラックの向こう側にあるお店を見ることができる高さだったんです。軽トラ市に来たお客さんが、軽トラック越しに、商店街の喫茶店やレストラン、お菓子屋さんや洋品店などをチェックしながら買い物ができる。軽トラ市は商店街の商売を邪魔しない絶妙な高さ。軽トラ市の買い物で疲れたお客さんが喫茶店で一服されることもできますし、そこから軽トラ市に来たお客さんを、自分のお店の新しい常連さんにすることができる。軽トラ市と商店街とは共生できるんですよ。人口1万7000人の雫石町で開催された、第1回の全国軽トラ市に押し寄せたお客さんが1万5300人。町の人口と殆ど変わらない数のお客さんがお越しになったと伺い、軽トラ市の可能性に驚かされたとともに、地方活性化の切り札になるものと確信しました。その後も、全国軽トラ市には日程の許す限り出かけました。愛知県の新城市、宮崎県の川南町、静岡県の磐田市、栃木県の宇都宮市、静岡県の掛川市まで、6回連続で参加しました。

　新型コロナが鎮静化したのを受けて、昨年(2022年)長野県の篠ノ井で行われた第7回の全国軽トラ市は、どうしても予定が合わず、残念ながら欠席しましたが、昨年の12月は浜松、掛川、新城と3週連続で軽トラ市に出かけて、そのうっ憤を晴らすことができましたね。私どもの地元の浜松市も、商工会議所が重い腰を上げ、街一番の大通りで軽トラ市をやっていて、2022年で9回目を迎えました。10回目の節目となる2023年は、12月に第8回の全国軽トラ市の形で開催されるそうなんですよ(※)。全国各地から集まる軽トラ市の仲間の皆さんにお会いできるかと思うと、今から楽しみでなりません。もちろん全国の名産品、旨いものも楽しみですがねぇ。

栃木県商工会連合会が県内の軽トラ市のマスコットキャラクターとして使用している「スー爺サンタ」。

2014年9月14日、「全国軽トラ市in しずくいし」の会場で買い物を楽しむ。

いつも楽しさ満点の軽トラ市ですが、宇都宮市の全国軽トラ市に出かけた時のことです。歩いている方々が何だか自分のことを見て、うなずいたり、クスっとされたりするんです。何でだろうなぁ？と思って辺りを見渡してみたんですよ。すると、見覚えのある顔がそこかしこにあったんです。実は栃木県では、『スー爺サンタ』という軽トラ市のキャラクターがあるのですが、私そっくりなんです。以前から主催者の栃木の方に、『スー爺サンタ』のことは伺っていたのですが、さすがにそっくりで恥ずかしかったですねぇ。

■軽トラ市の魅力とはなんでしょうか。

軽トラ市の最大の魅力は、何といっても、お客さんとお店の方の笑顔、これに尽きますね。その土地土地の名物を気軽に買うことができる、という楽しみもありますが、軽トラ市の最高の商品は、人と人との交流だと思います。軽トラ市に行った時、不意に子どもの頃の思い出がよみがえりましたよ。私は岐阜県の下呂の出身なんですが、子どもの頃によく農協の品評会が開かれていたんです。大根、茄子、人参やキノコ、クリ等々、近所の農家のおじさんやおばさんたちが、思い思いに自慢の野菜を持ち寄って、金賞・銀賞・入賞などを競っていました。会場は文字通りのお祭り騒ぎで、私も品評会の日が来るのを子ども心に毎回楽しみにしていましたよ。初めて軽トラ市に行った時に、あの頃の品評会と同じような高揚感を味わうことができました。それ以来、軽トラ市が開催されると聞くと、居ても立ってもいられないほど楽しみにしているんです。

2021年、静岡県掛川市の「けっトラ市」で買い物を楽しむ。

2014年9月13日、「第1回全国軽トラ市サミット」での基調講演。

先日も磐田市で50回目となる軽トラ市が開催されましたが、あいにく朝から雨模様。どうしようかと悩みましたが結局軽トラ市の誘惑には勝てず、雨の中出かけて行って、市長さんや磐田農業高校の生徒さんたちと牛タンの串焼きやあまーい焼き芋を頬張り、昔懐かしい甘酒や焼きたての五平餅を腹一杯食べ、とれたての地元産の野菜を買い、商店街で買い物をして、大いに楽しみました。レストランで食事もいいですが、五平餅を食べて歩きながら青空を見ると、心が広がります。

■軽トラ市でお店の方々によく話しかけていますが、どんなことを話されていますか。

大した話はしていませんよ。ただの世間話です。どこから来たの?とか、普段何しているの?とか、売れたかね?、位の他愛もない話をしてますよ。まあたまに、こうすればもっと売れるのになぁ、と思ったら商品の並べ方や値段のつけ方など、『一言だけ』提案したこともあったかなぁ・・・。皆さんも、軽トラ市に行かれたなら、五平餅でも食べながら買い物やお店の人との会話を楽しんでほしいですね。私なんて、軽トラックに並んだ新鮮な野菜や、おいしそうな物につられて、ついつい歩き回って買いすぎてしまいますがね（笑）。

2．自動車企業と軽トラ市

■なぜ自動車企業のトップが軽トラ市に着目されるのでしょうか。

インタビューは静岡県浜松市にあるスズキ歴史館内に設置された、軽トラ市紹介コーナーで実施された。

他社の方が着目している理由なんて、私には判りませんよ（笑）。それはともかくとして、私どものように地方に本社を置き、地方にお住まいのお客さまに製品を多くご愛用いただいているものとしてみれば、とにかく地方が元気になって欲しい。地方が元気になれば日本全体も元気になる。地方が元気になるために、私どもができることは何でもやるつもりでいるんですよ。そんな時に軽トラ市に出会いました。自動車メーカーが仕掛けたイベントではなく、地域の皆さんが手弁当で始められた自発的な取り組みです。応援したくなるのも無理もないと思いませんか？軽トラ市を応援しようと、あちこちに声をかけたところ、以前から出店してくれていた農協さんに加えて、漁協さんも協力してくれることになったんです。回を重ねるごとに出店者の輪が広がっていったんですよ。新しい地域での軽トラ市も増えつつありますから、全国津々浦々に軽トラ市の賑わいが広がり、地方が活気づく一助になって欲しいですね。

■軽自動車への想い、特に軽トラックへの想いをお聞かせください。

私どもは最近ではインドでの事業が注目されていますが、商売の基盤は日本国内の軽自動車にあるんです。１９５５年にスズライトで軽自動車事業に参入して以来、70年以上にわたり軽自動車は常に私どもの事業の中心であり続けています。その間何度も軽自動車、ひいては会社存続の危機に見舞われましたが、どうにかこうにか乗り切って現在に至っています。１９７５年の排ガス規制強化、１９９８年の側突対応に伴う規格改

軽自動車はシューマッハ（ドイツ生まれのイギリスの経済学者）が提唱した「スモールイズビューティフル」の実例ですね、とのインタビュアーの投げかけに対して、OKサインで応答。

訂等々、一つでも対応を間違えていたら、今の軽自動車は存在していなかったと思います。いろいろありましたが、どっこい生きてるんです。また私が１９５８年にスズキに入社して、最初の大きなプロジェクトが、愛知県豊川市に軽トラック専用工場を新たに建設するものでした。１９６1年1月に建設委員会の委員長に任命され、9月には生産開始という無謀なものでした。現場監督にお酒持参で工事をお願いするなんて日常茶飯事。できることは何でもやりましたよ。計画通り軽トラックを生産できた喜びは今でも忘れられませんね。私のスズキでの歩みは常に軽自動車とともにありましたから、軽自動車、特に軽トラックは私にとって子どものような存在ですね。２０２４年は軽自動車誕生75周年なので、記念軽トラ市ができたら良いと思いますよ。

■地方都市への視点をお願いします。

地方は大都市に比べて、公共交通機関が整備されていないため、自家用車が交通インフラを担っていることはご存知と思います。かつて一家に1台であった自動車は、地方では今や1人に1台となっています。ファーストカーは大きいクルマ、『ちょっとそこまで』という普段使いには軽自動車をお使いいただいています。地方での生活に自家用車はなくてはならない存在になっているんです。カーボンニュートラル対応が急務とされていますが、地方のお客さまの生活を支えるためにも、お買い求め易く、維持し易い、新しい時代に適した軽自動車をお届けしていくよう全力で取り組んでいます。（スモール　イズ　ビューティフルですね）グー（笑）。

2019年11月4日、「軽トラ市in東京モーターショー」の会場で握手をかわす、鈴木会長（当時）と、ダイハツ工業株式会社伊奈アドバイザー・自工会軽自動車特別委員会委員長(当時)。

3．全国の軽トラ市へ

■全国軽トラ市やジャパンモビリティショーでの軽トラ市などで、関係者にどんな想いをお伝えになりたいのでしょうか。

軽トラックを製造・販売している側としたら、自社の製品だけを使っていただければそれに越したことはありません。ただ軽トラ市はそもそも街の皆さんのモノ。まちおこしのための軽トラ市の裏側に個々の自動車メーカーの思惑が透けて見えてはいけません。だからこそ、メーカーの垣根を越えて協力しています。例えば、軽トラ市に出店いただいた方には、『軽トラいち』と書いた、ダイハツとスズキの両社ロゴ入りウィンドブレーカーをお配りしています。軽トラ市の主催者の皆さん、出店者の皆さん、そして買い物を楽しんでいらっしゃるお客さまの皆さんと、一緒になって軽トラ市を盛り上げていきたいと考えています。軽トラ市がさらに発展するために貢献できる商品をお届けすることはありますが、軽トラ市を商売のタネ・企業の食い物にするつもりはありませんし、あってはならないと考えています。

■軽トラ市が大学を含め様々な分野から注目されていますが、この広がりをどうお考えでしょうか。

大変喜ばしく思っています。良い取り組みはどんどん広がって欲しいと思っていま

2019年11月4日、「軽トラ市in東京モーターショー」の会場で、軽トラ市についての研究発表を行った愛知大学学生と記念撮影。

す。将来的には日本国内だけでなく、東南アジア、欧州にも広がって、世界軽トラック市サミットが開催されるのが夢ですね。（川南軽トラ市でアジア軽トラ市という話がありますが）いいですね。温泉や城巡り、地酒の製造現場の見学など、観光と軽トラ市を組み合わせれば、ビジネスチャンスは山程あると思います。

そういえば、先日訪れました磐田軽トラ市では、なんと地元の自衛隊さんが広報ブースを出展されていて、いやー、驚きました（笑）。オリジナルの缶バッジを配布していましたが、子どもたちに大人気でしたよ。その他にもアマチュアの音楽演奏やのど自慢など、アイデア次第で軽トラ市が物を売る買う場としてだけではなく、発信・交流の場として活用できる、そんな魅力も軽トラ市は秘めていることを再発見する機会となりました。

4. 軽トラ市の未来

■これからの軽トラ市への期待をお聞かせください。

地元の話で恐縮ですが、当時の浜松商工会議所の会頭に、軽トラ市の話をしたところ、大いに賛成してくれて、浜松でも大々的にやろう、と動いてくれました。それだけでなく、産業の基本は農業だとして、これからは商業と工業だけを代表する『商工』会議所ではなく、『農・商工会議所』であるべきとして、地元JAの会長さんを商工会議所の副会頭に迎え入れられ、名実とも全国でも唯一の『農・商工会議所』になりましたよ。軽ト

インタビュー終了後に、本書執筆関係者と記念撮影。

ラ市についても、他の町でやって盛り上がっているから自分たちも従来の組織・しがらみの中で開催する、ということではなく、従来の枠組みを壊して・改革して、地域の生き残り・発展のために全力で取り組んでいく。軽トラ市はきっかけに過ぎません。地域の皆さんが自らの手で、地域の在り方までも革新してくれることを期待しています。

■最後に軽トラ市へのエールをお願いします。

全国軽トラ市、或いは雫石町・川南町・新城市などのような大規模なものから、10台以下の小規模のものまで、軽トラ市がある限り、応援し続けます。軽自動車メーカーの販促策ではなく、純粋にまちおこし・地方創生のお役に立ちたいと思っています。全国各地の旨いものを味わうため、いやいや全国各地の皆さんとのふれあいを楽しむために、これからも軽トラ市には可能な限りお邪魔しますよ。皆さんにお会いできるのを楽しみにしています。

第2章
全国に広がる軽トラ市

軽トラ市は全国に100以上が活動していますが、全国の軽トラ市の状況、軽トラ市同士の連携、軽トラ市の広がり方、そしてその運営者について、愛知大学で行ってきた全国軽トラ市調査から紹介します。

2－1　なぜ軽トラ市か

私たちのゼミも軽トラ市に出店します。大学のゼミですから、商品を売るのではなく軽トラ市の調査結果をパネルやパンフレットにして紹介してきました。来街された方に学生たちが説明するのですが、最も多い質問が「なぜ軽トラックなの？」ということです。この点に少し触れてから、全国の軽トラ市の状況をお話しします。

この質問に対して、その理由は軽トラックのサイズと親しみ易さの2点です、と学生たちは説明します。まずサイズですが、軽トラ市を開催する場所には、商店街内の道路が多いのです。日本の幅の狭い道、特に商店街の中の道路は幅員が限定されて、軽自動車の小ささが利点になります。さらに緊急車両が通れる道路幅を確保せねばなりませんから、サイズの利点はなおさらです。また、販売する際に荷台の高さが良いなどの販売に適合したサイズとなっています。第1章で鈴木修さんが注目されていた反対側の町並みが見通せることは重要なポイントですね。現在の軽自動車はサイズが、長さ3・4m以下、高さ2・0m以下、幅1・48m以下に決められています。この範囲をいっぱいに使ってデザインされていますから、連続して並んだ場合、統一感があって、既存の町並みと一体となった景観をつくります。つまり、日本のまちに合っているということですね。

次に軽トラックの親しみ易さです。これは元祖である雫石軽トラ市からの発想です。確かに農山村には、だいたいの家に軽トラックがありますから、実感として納得できます。数字をみておきましょう。全国の軽自動車保有台数（2021年3月時点）は、約3100万台、そのうち軽トラックは約450万台です。ここで、グラフをあげておきます。全国の軽トラ市では、軽トラックをシンボルにしながら軽自動車全体を出店対象としているところが多くありますから、軽自動車全体と軽トラックをみてみましょう。図1は、縦軸に軽自動車全体の世帯当たり保有台数、横軸に人口密度をとったものです。政令市の区を含む日本の全市区町村1896の状況を分析したのですが、人口密度が下がると世帯当たり保有台数が急増していることが分かります。

さらに、これを地図に示したものが図2です。少し細かくなりますが、世帯当たり軽自動車保有台数が多い順に、全国の市区町村を約380市

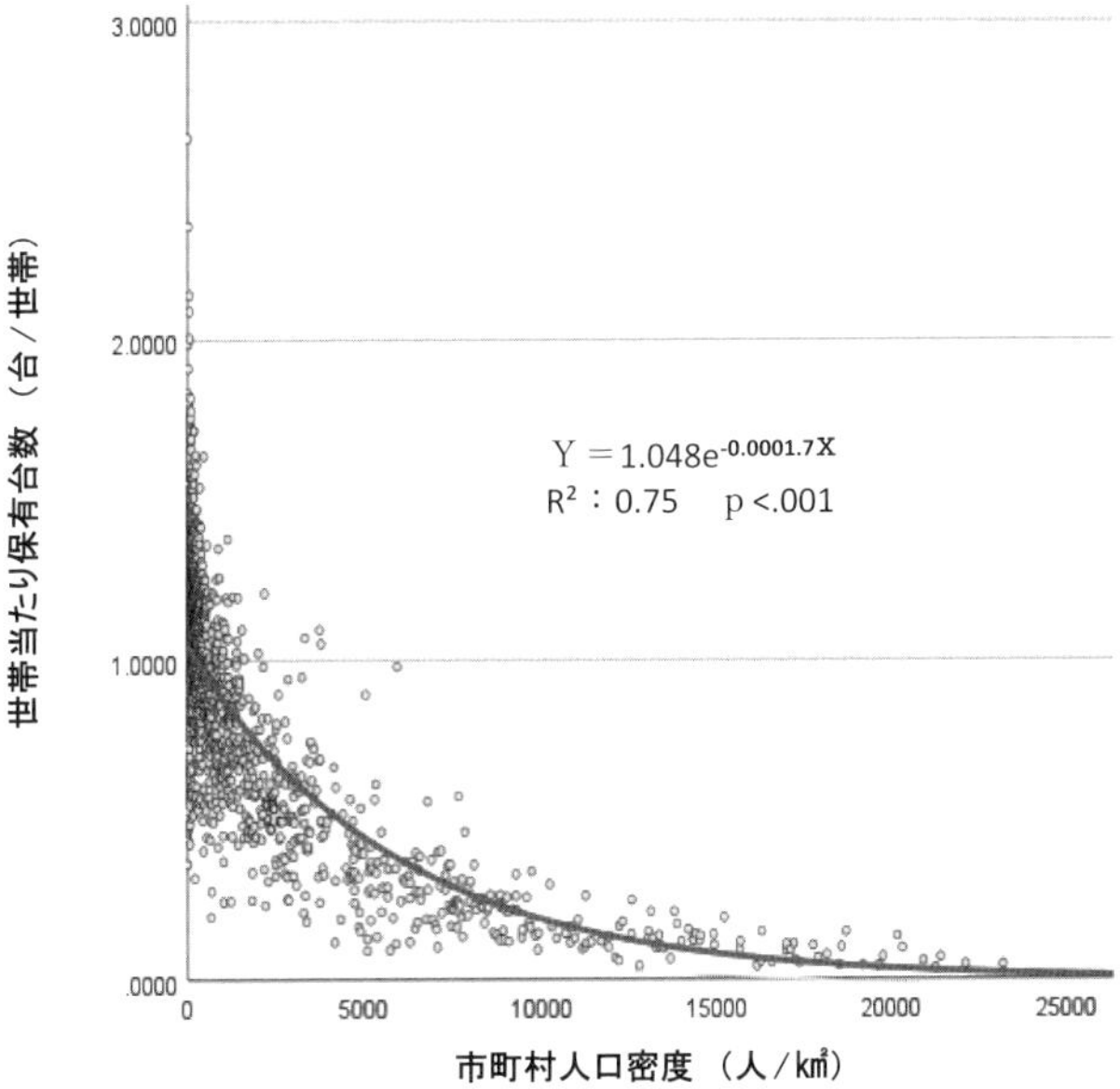

図1 軽自動車世帯当たり保有台数と市町村別人口密度

町村ごとの5つのグループに分けて、上位の2グループの市区町村を地図に示していま す。軽自動車全体の場合、最大のグループは、なんと平均1・5台／世帯で、スマホのような保有台数ではないでしょうか。地図を見ると、この自治体が中山間地域の生活の厳しい地域に多く位置することが分かります。軽トラックだけでは、一番保有台数の多いグループは、平均0・5台／世帯でした。図3のように中山間地域の特性が強くなっています。なお、軽トラック保有率の最も高い市区町村グループの約8割は、かつて話題となった消滅可能性都市（2016）にリストアップされていますから、地域の将来は楽観視できません。筆者は地方都市や県境中山間部の調査研究を長らく行ってきましたが、こうした厳しい条件にある地域にとって、軽自動車やその代表である軽トラックの活用の仕方が、住み続けられるまちづくりに大きな意味を持つことが感じられます。軽自動車メーカー企画部門の若手管理者に、このグラフと地図を見せたところ、「これからやることが分かりました」と話してくれました。うれしい反応です。2024年は軽自動車の規格が制定されて75周年ですから、軽自動車と地域の将来を考える良い時でもあります。

このように、軽トラ市は日本のまちづくり、特に地方のまちづくりに適合した大きさと親近性を持っているということが言えます。しかし最近は、これに3点目を付け加えることが必要に思えています。それは、これからの自動車の変化です。自動走行などに代表されますが、デジタル化を進めるDX（デジタルトランスフォーメーション）、そしてEVに代表される脱炭素化のGX（グリーントランスフォーメーション）の流れです。これらの改革によって、筆者には最終的に自動車は小さくなるように思えます。環

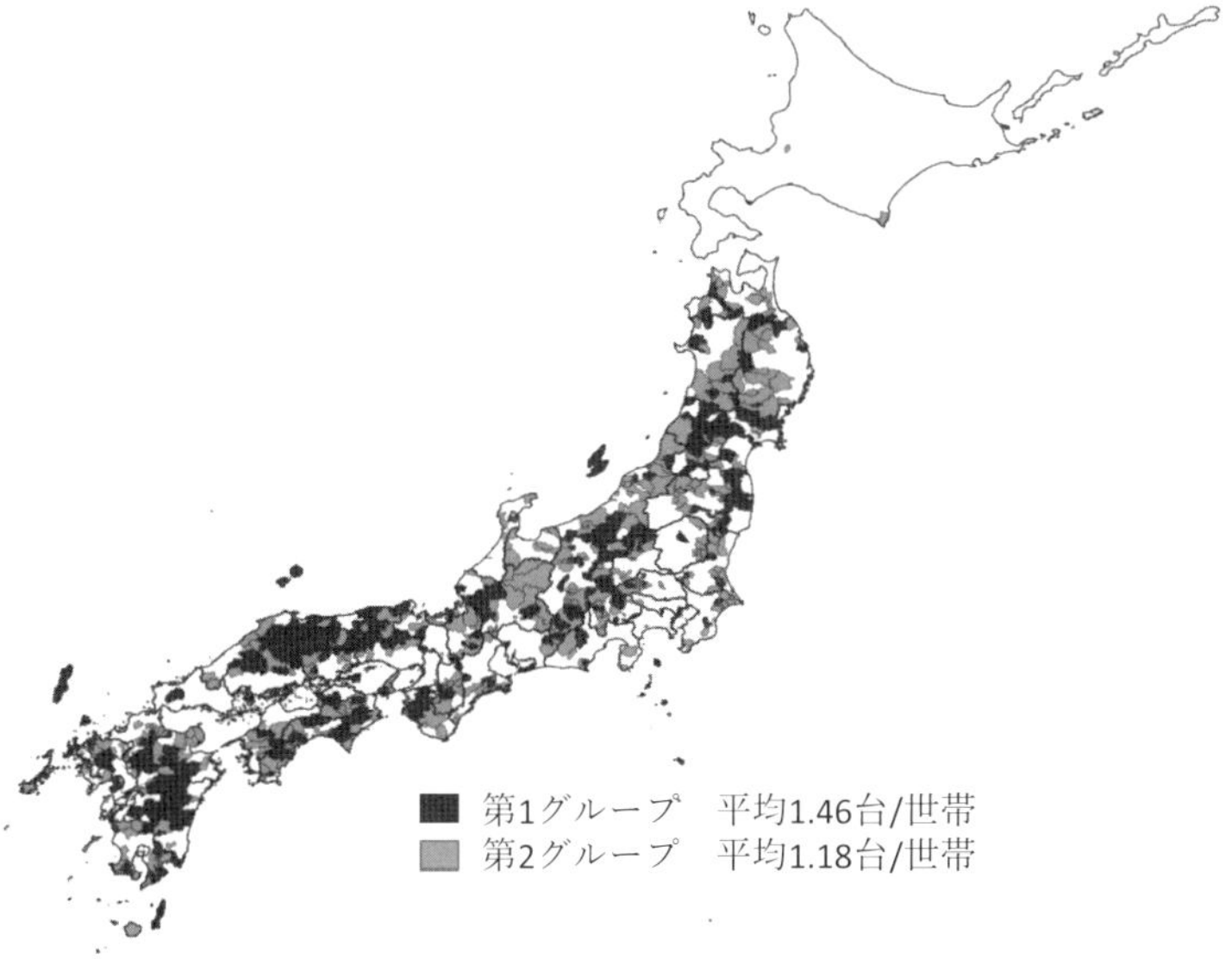

図2 軽自動車世帯当たり保有台数の上位市町村分布

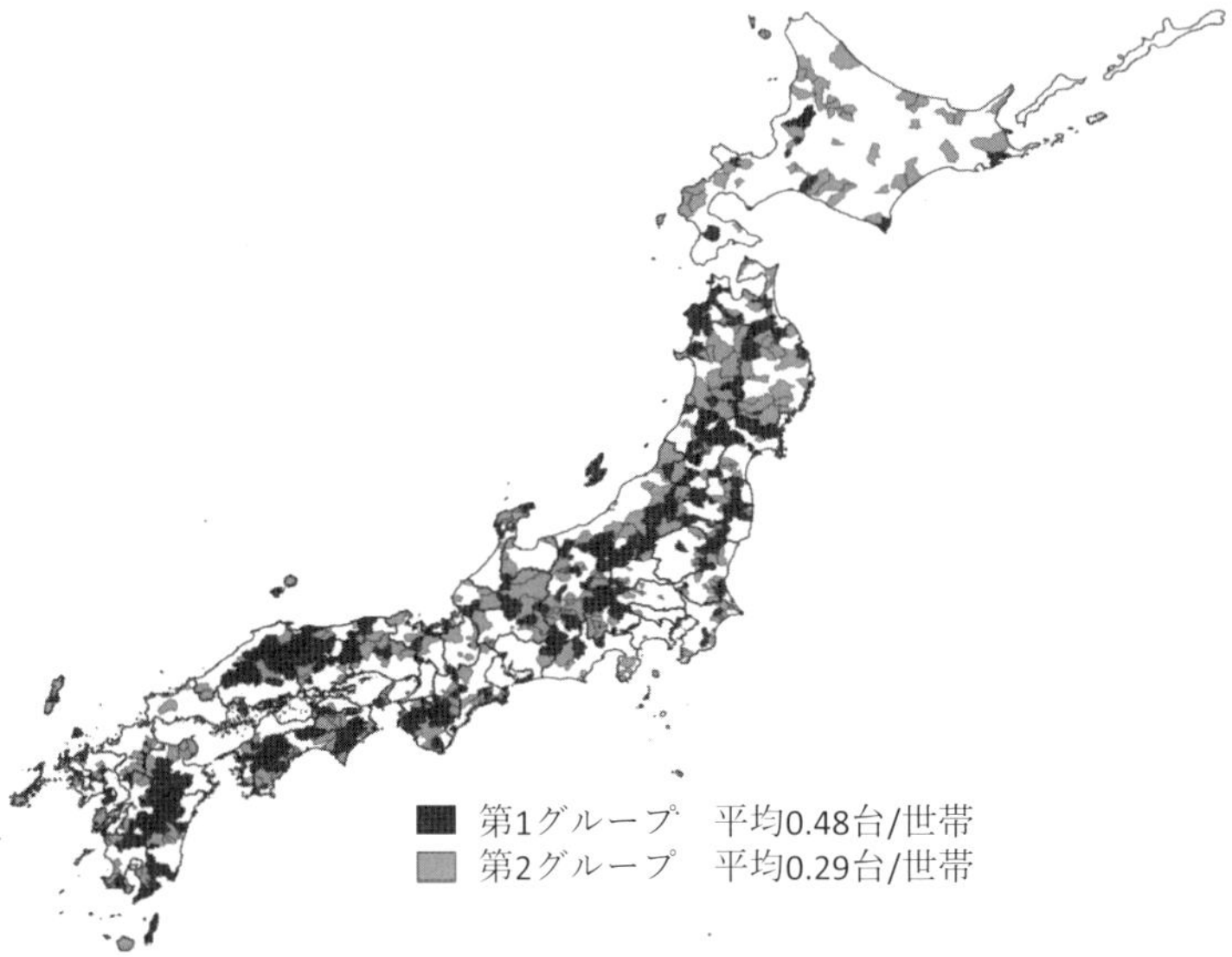

図3 軽トラック世帯当たり保有台数の上位市町村分布

境負荷を減じ、多様な動きに対応する時には、大きなクルマよりも小さなクルマです。しかも使いやすい小ささで、適正小型化と呼べるものです。そして、必要に応じて小さなクルマが繋がり、連動することが理にかなっています。クルマの機能もエネルギー車や調理車、オフィス車等々です。これらが繋がる姿は、多様な軽自動車が集合する軽トラ市がヒントになりますね。軽トラ市が地域を支える可動商店街となって、やがて商業機能だけではなく都市機能全体に広がりを持ち、可動都市に展開していく。筆者にはそのように思えてなりません。

2-2　全国の軽トラ市

①軽トラ市の全国分布

軽トラ市が全国に100以上あると紹介しましたが、その内容についてみてみましょう。これまでに、全国の軽トラ市運営団体アンケート調査（以下、全国軽トラ市調査）を2015年、2018年、2019年、の3回にわたって行ってきました。その後、コロナ禍となって充分な実態調査が実施できなかったため、2019年のアンケート調査（対象105団体、回収93団体、回収率89％）から、全国の軽トラ市の状況を紹介します。

まず、全国的に把握した軽トラ市105の分布を、全国地図に示してみます。一見して全国に広がっていることが分かります(図4)。地方別では、北海道・東北地方16、関東・甲信越地方27、東海・北陸地方25、近畿地方8、中国・四国地方11、九州・沖縄地方18でした。人口100万人当たりでみると、北海道・東北地方1・11、関東・甲信越地方0・53、東海・北陸地方1・66、近畿地方0・39、中国・四国地方0・97、九州・沖縄地方1・25で、大都市圏である首都圏・近畿圏に少なく、地方部に多いことが分かります。また、日本三大軽トラ市の位置をみると、日本列島の北、中央、南に位置しており、地理的なバランスの良さを感じます。多くの軽トラ市が、三大軽トラ市の影響を受けてスタートしていますが、それは後ほどお話しします。

軽トラ市を開催している市町村を人口規模別にすると、1万人未満が11・2％、1万人から3万人未満が22・4％、3万人から5万人は19・4％で、5万人以下の小規模市町村が半数です。三大軽トラ市に着目とすると、発祥の地である岩手県雫石町が1・5万人、宮崎県川南町1・5万人、愛知県新城市4・3万人ですから、人口の少ない地域でも長期の継続性を保てることが証明されています。人口が増大する時代は、東京を目指して○○銀座で良かったのですが、人口が縮小する時代は逆に、小規模な地域での成功例が、応用可能なものとして重要です。

②軽トラ市の来街者数と開催頻度

さて、軽トラ市の来街者数と開催頻度の特徴をみてみましょう（図5）。まず、来街者数ですが、1回の全国平均は約1700人でした。三大軽トラ市の平均来街者数では、雫石が約4000人、新城が約2500人、川南が約1万人となっています。この時点で最も全国で多い来街者は静岡県浜松市の「軽トラはままつ出世市」で、2万5000人です。逆に少ない軽トラ市では数十人のものもあり、出店台数が数台のものもあります。

次に開催頻度をみてみましょう。年間平均は約8回です。最も多いパターンは年間12回、つまり月1回の開催です。一方、年間1、2回のイベントとする事例もあります。逆に、ほぼ毎週と多い開催数のものもあり、最大は78回でした。雪の降る地域では、雪の期間がお休みで、雫石軽トラ市もそうですが、5～11月の開催が多いようです。開催時間は午前9～11時がコアタイムで、その前後に広がりを持ちます。青森県南部町の「なんぶ軽トラ市」は雪国パターンで5～11月の開催ですが、開催している月は毎週土曜日の午前5～7時です。なんぶ軽トラ市に伺うと、地域の皆さんの強い繋がりを感じます。

さて、グラフ上で開催頻度と来街者数を重ね合わせると、多頻度小規模、多頻度大規模、

図4 軽トラ市の全国分布

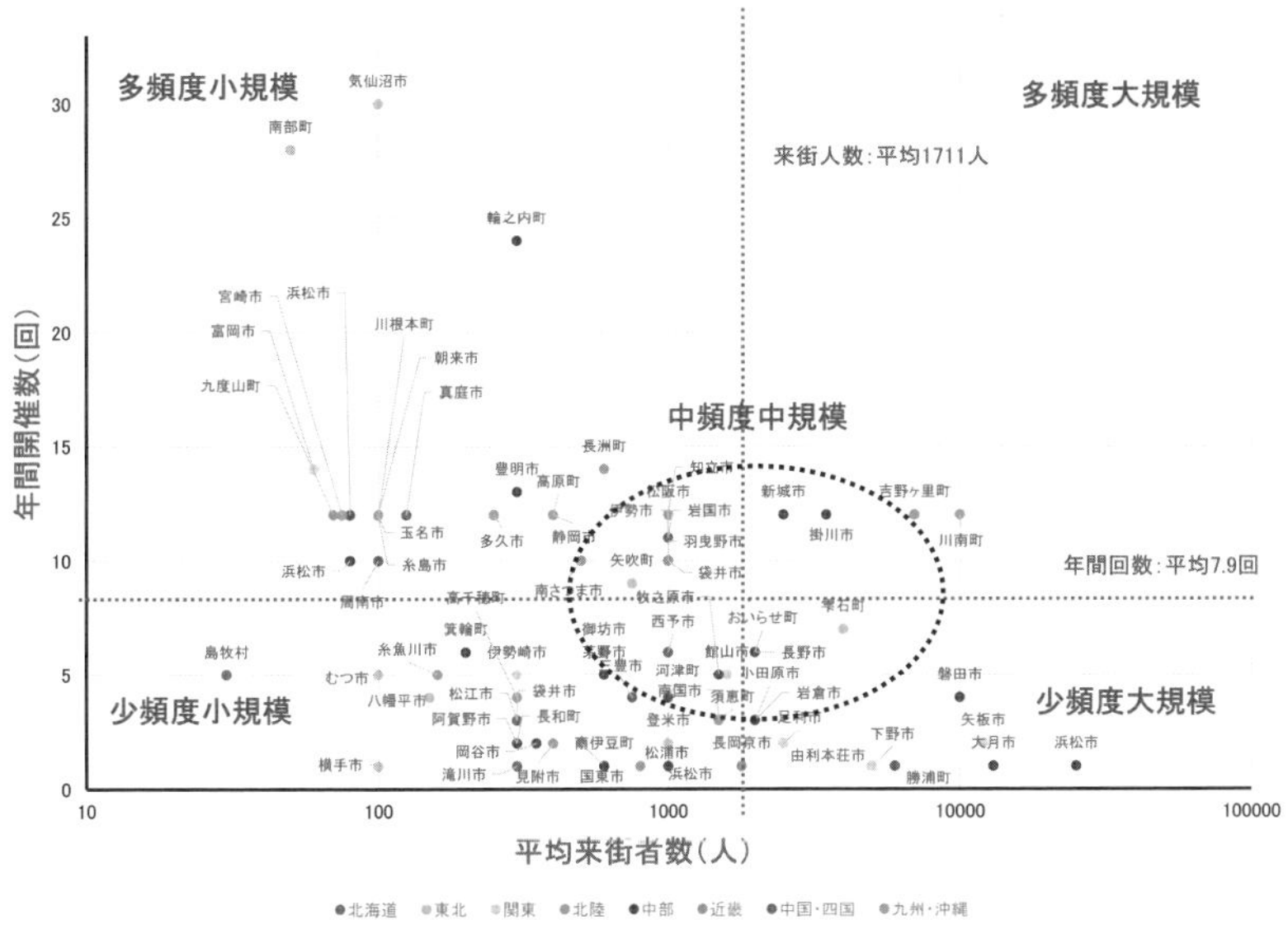

図5 軽トラ市の来街者数と開催頻度

少頻度大規模、少頻度小規模、中頻度中規模と5つ程度の分類ができるのですが、都市全体の活性化を牽引しようとするものから日常の買い物を支えるものまで、多様な狙いがみえてきます。軽トラ市は一つのタイプではなく、多くの選択肢があって、地域の状況に応じて始めることができると考えることが良いですね。また、あるタイプから別のタイプに移行しようとする時にも参考例をみつけることができます。

もう一つ興味深い点をみておきましょう。それは、市町村外からの来街者と出店店舗です。（図6）。来街者が市町村外から来ることは、軽トラ市が観光となっていることを意味します。

同様に興味深いのが、市町村外からの出店店舗が多いということです。数字で示すと、市町村外からの来街者は全国平均29％で、大まかに言って3割が観光です。そして、出店店舗も34％で、ほぼ来街者と同じ比率です。川南軽トラ市は、町外来街者84％で、これを支える出店も町外が80％です。人口1・5万人の町が1万人の来街者を毎月集めるには、出店店舗という資源を広域的に求め、その資源が来街者を広く集めていることが分かります。この出店店舗を広域的に集める知恵が、軽トラ市成功の鍵だとも思えます。

全国の軽トラ市への出店台数は数台から135台と幅が広いですが、平均台数は27台です。約30台ですから都市部に多いマルシェより規模が大きいでしょう。ここで、全国の軽トラ市の総量を出しておきましょう。この調査にみる限りですが、来街者の総数は年間160万人程度、出店店舗は2000台程度と推定されます。軽トラ市への出店登録は、出店の倍程度はある例が多いですので、4～5000台程度と考えられます。現在は、まだコロナ禍からの回復期にありますが、2005年から20年弱の間に全国に蓄

表1 開催場所別分類

開催場所	軽トラ市数		出店台数（台）		来街者数（人）		年間開催数（回）	
			平均値	中央値	平均値	中央値	平均値	中央値
道路型	31	33.7%	39.7	30	3,343	1,500	6.5	5
広場型	12	13.0%	17.5	14	499	100	9.3	10.5
駐車場型	24	26.1%	18.5	10	737	300	11.9	5.5
その他	4	4.3%	25.8	26	2,038	1,050	5	1
複合型（道路＋広場）	4	4.3%	45.3	45	4,450	2,600	6.3	5
複合型（道路＋駐車場）	3	3.3%	27.5	27.5	617	500	2	2
複合型（広場+駐車場）	9	9.8%	17	18	766	500	5.3	5
複合型（駐車場＋その他）	2	2.2%	37.5	37.5	1,500	1,500	7.5	7.5
複合型（道路＋広場+駐車場）	3	3.3%	27	25	1,500	1,000	5.7	6
合計	92	100.0%	27	20	1,866	600	8.0	5.0

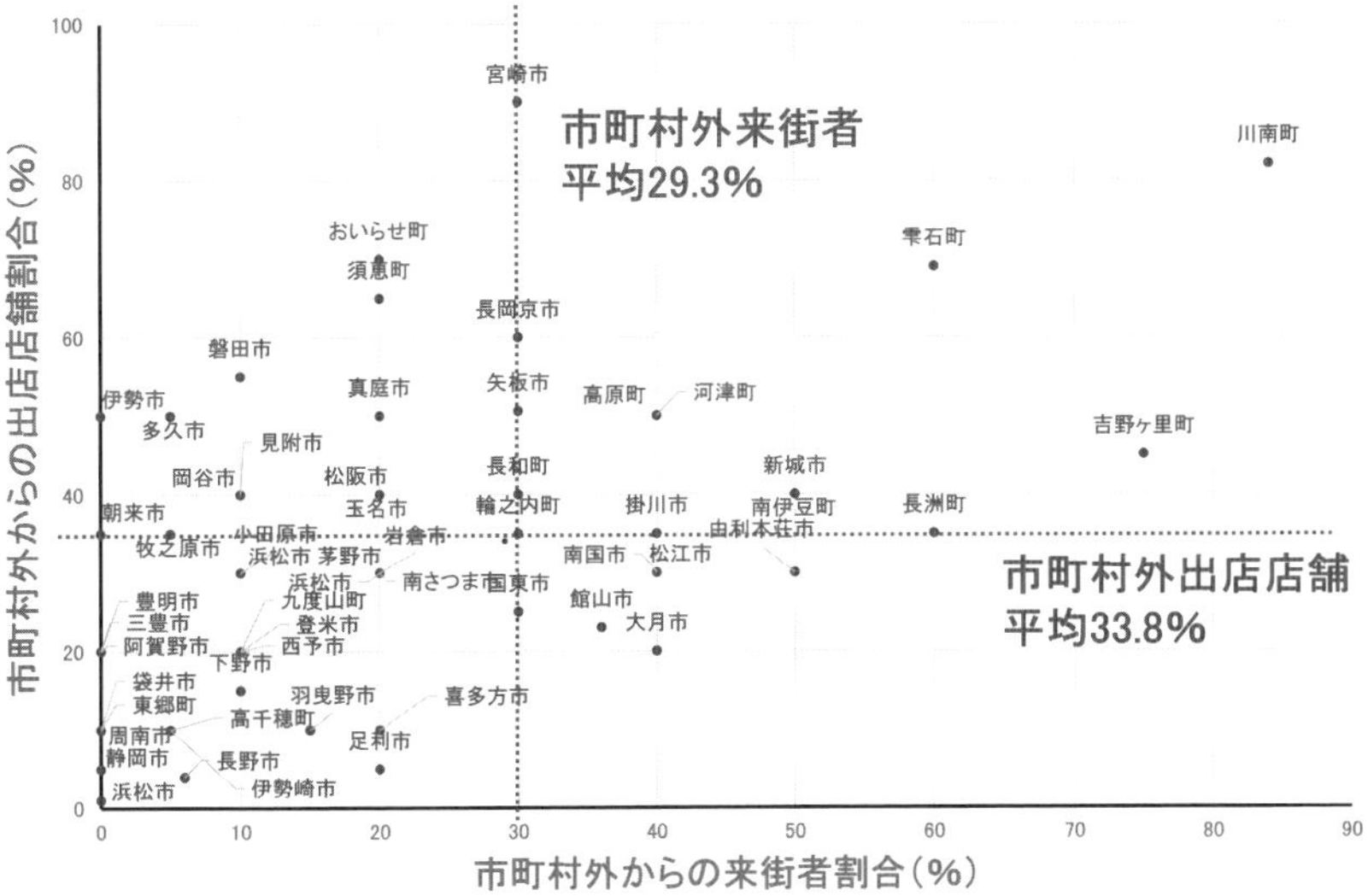

図6 軽トラ市の来街者と出店店舗の市町村外割合

積された軽トラ市の基盤があることを感じます。

③軽トラ市の開催場所

開催場所は、道路、広場、駐車場などですが、場所ごとに比率を出してみると、道路型34％、広場型13％、駐車場型26％、これらの複合型23％となっています。新規開催の際の参考になると思いますので、開催場所のタイプごとに出店台数と来街者数を表にまとめておきます（表1）。来街者数との関係でみると、来街者1000名を超えるような、比較的規模が大きな軽トラ市は、ほぼ道路型での開催となっています。逆に、小規模になると駐車場や広場で開催する傾向にあるようです。最も多くの出店と来街者を集めているのは、道路と広場の複合型でまち全体を活用しています。

さて、この道路というのは主として商店街の中の道路ですが、ほとんどが市町村道や県道という公道になります。こうした道路を利用するためには、警察の「道路使用許可」と、道路管理者（市町村道であれば市町村）の「道路占用許可」が必要となります。軽トラ市は、地域振興が目的となるので、市町村や県による「道路占用許可」は比較的得やすいのですが、「道路使用許可」の取得が課題になります。交通の安全性を確保することは道路の基本条件ですので、特に軽トラ市のスタート初期は、この許可取得が困難だったと聞きます。元祖である雫石軽トラ市は、国の地域再生特区の認定を受けて推進条件を整え、「道路使用許可」取得にあたりました（3－1参照）。また、警察が県単位になるために、A県は比較的取得しやすいがB県は困難と、県によって差があったようです。この「道路使用許可」を得るためには、軽トラ市関係者のみならず、市町村、商工会などの一体化が必要ですので、道路使用許可取得の障害を乗り越えたところは軽トラ市が継続する、という話も出たほどです。最近は、許可取得が弾力化されており、軽トラ市の実施可能性も高まっています。ところで「道路使用許可」を具体的に得るには、申請手数料が必要です。この支払形式も県によって、開催ごととする場合、年1回の場合などの違いがあるようです。また料金も、出店1台ごとに手数料を支払っているものと、使用区域一括で割安な手数料となっている場合もあります。これも県での差が表れており、こうした費用が出店料に反映されるわけです。軽トラ市は地方創生の有効な事業と考えられますが、こうした道路使用についても、より使いやすい基準となっていることが、軽トラ市を全国に広めるために重要なことと言えるでしょう。

2-3　ネットワーク化する軽トラ市

軽トラ市の強みは、全国に広がる軽トラ市のネットワークが機能しているということです。「はじめに」で「全国軽トラ市でまちづくり団体連絡協議会」、略称「軽団連」のことを紹介しましたが、これはネットワークの成果です。第1章のインタビューでも触れられていますが、軽トラ市のネットワークには、全国レベルで活動する全国軽トラ市とジャパンモビリティショー（旧東京モーターショー）があり、近隣の軽トラ市ネットワークもあります。軽トラ市のネットワークを確認するために、これらの活動をまとめておきましょう。

①全国軽トラ市

まず、全国の軽トラ市が集合する全国軽トラ市ですが、軽トラ市の原点になる雫石軽トラ市の相澤さんの発想で、軽トラ市同士の知恵の共有が目的です（3-1参照）。ですから、まず経験を共有する全国軽トラ市サミットを開催して、翌日に全国の軽トラ市が出店する全国軽トラ市を開催するという順番で行われています。これまでに全国軽トラ市は8回開催されていますが、いずれも1日目の軽トラ市サミットと翌日の全国軽トラ市の2日間構成で、出発点の考え方が守られています。

これまでの開催を表2にまとめますが、第1回雫石（岩手県）から始まり、第2回新城（愛知県）、この時に軽団連が創設されます。そして第3回が川南（宮崎県）で、ここまでが三大軽トラ市での開催でした。次に、第4回磐田（静岡県）、第5回宇都宮（栃木県）、第6回掛川（静岡県）と続きます。しかし、2020年、2021年がコロナ禍で開催することができず、2022年に第7回篠ノ井（長野県）で再開されました。そして、2023年の浜松（静岡県）に継続されます。

1日目のサミット部分では、軽団連の総会があって、講演やシンポジウムでの知恵や課題の共有です。第2回新城では、よろず相談会、意見交換会などが企画されていました。全国の軽トラ市関係者が直接会うことは、それほど頻繁にあるわけではないので、大変重要な機会です。そして、サミット後に懇親会があります。どのようなネットワークもそうですが、懇親会を通して個人単位の人と人の繋がりになっていきます。筆者も第2回から参加していますが、この軽トラ市人脈の強さには毎回驚かされます。

勿論、シンポジウムを通して、軽トラ市の存在を対外的に主張していくことも重要なことです。事例として、第2回新城では「全国軽トラ市地域創生宣言」（表3）を出しています。そしてこの宣言では、軽トラ市相互の連携、地方自治体との連携、国との連携の3点が主張されています。シンポジウムのパネリストは三大軽トラ市をはじめとする軽トラ市運営者でスタートしていますが、軽自動車業界、自治体にも拡大しています。直近の第8回浜松では、開催地近隣で軽トラ市が開催される4市（浜松市、磐田市、掛川市、新城市）の市長さんも、軽トラ市運営者、軽自動車業界代表者と共にパネリストとして参加。「軽トラ市とまちづくり」をテーマにディスカッションを行い、最後に「軽トラ市を新しいまちづくりの全国スタンダードに」を宣言しています。

表2 全国軽トラ市の概要

回数	開催地	期間	軽トラ市サミット内容	出店台数/来街者数
第1回	岩手県雫石町	2014年9月13日～14日	◎基調講演 ◎パネルディスカッション（３大軽トラ市）	55台/15,000人
第2回	愛知県新城市	2015年11月21日～22日	◎経団連総会・分科会（よろず相談会） ◎パネルディスカッション（軽自動車業界代表、自治体代表、運営者代表）	96台/15,000人
第3回	宮崎県川南町	2016年10月22日～23日	◎経団連総会 ◎基調講演 ◎パネルディスカッション（３大軽トラ市）	154台/30,000人
第4回	静岡県磐田市	2017年10月28日～29日	◎経団連総会・分科会 ◎シンポジウム	169台/40,000人
第5回	栃木県宇都宮市	2018年11月10日～11日	◎経団連総会 ◎基調講演 ◎意見交換会（3大軽トラ市に学ぼう）	63台/40,000人
第6回	静岡県掛川市	2019年12月7日～8日	◎経団連総会 ◎基調講演 ◎パネルディスカッション（運営者代表、行政代表）	120台/25,000人
第7回	長野県長野市篠ノ井地区	2022年10月15日～16日	◎経団連総会 ◎シンポジウム（3大軽トラ市代表、地元運営者代表、軽自動車業界代表）	106台/30,000人
第8回	静岡県浜松市	2023年12月2日～3日	◎経団連総会 ◎シンポジウム（運営者代表、行政代表、軽自動車業界代表）	137台/60,000人

表3 全国軽トラ市地域創生宣言

全国軽トラ市地域創生宣言

全国の「軽トラ市」の連携と発展を目指す「全国軽トラ市でまちづくり団体連絡協議会（軽団連）」は、現在全国で推進されている地域創生の最も有効な手法として、「軽トラ市」を振興、実施してゆく。 そのために、以下の3 点を「全国軽トラ市・地域創生」宣言とする。

1.「軽トラ市」相互の連携

地域独自の設立経緯と開催手法を持つ全国の「軽トラ市」は、各地域の強みと運営経験の蓄積、また課題を有している。これらの「軽トラ市」が相互の情報を交流し、全国ネットワークを作ることで、我が国の「軽トラ市」の魅力を増すとともに、課題解決の支援に努める。

2. 地方自治体との連携

「軽トラ市」は、開催する地域とそこに住む人々の持続的な生活発展を目的としている。「軽トラ市」の実施運営に関連する行政分野は多岐にわたっており、行政窓口の一本化を要請するとともに、地域経営者である地方自治体との連携を一層緊密にした取り組みを推進する。

3. 国との連携

我が国の地域創生は緊迫した状況の中にあり、「軽トラ市」は、誰でもどこでも実施可能な事業手法である。そこで、「軽トラ市」を促進するために必要な、道路使用許可の全国一律の緩和、道路使用料・占有料の無料化、農産品を扱う上での保健所許可における認可保健所管轄地域外での認定の準用等の緩和を要請するとともに、これまで蓄積してきた運営力を用いて、全国で「軽トラ市」発足を考える地域に国と連携して支援する。

「軽トラ市」相互の連携、地域自治体との連携、国との連携を一層緊密にし、上記の項目を推進することを宣言する。

平成２７年１１月２１日　　全国軽トラ市でまちづくり団体連絡協議会

さて、各軽トラ市から出店する全国軽トラ市ですが、いずれの地域にとっても通常の軽トラ市を上回る大イベントです。来街者数も1万人～6万人ということですから、来街者の交通手段整備だけでも大変なことです。個人的に印象深いのが、コロナ禍で2年間開催されなかった後の第7回篠ノ井です。当初の開催決定は2019年12月ですが、決定直前の10月には長野県豪雨による千曲川の決壊があり、地域の支援環境も厳しい状況となりました。そして2020年、2021年のコロナ禍です。2022年の全国軽トラ市開催は容易でないことが良く分かります。自治体単位では篠ノ井地区は長野市になりますが、篠ノ井地区自体は人口4万人ほどで、決して強力とは言えません。三大軽トラ市等の協力によって開催となりますが、この時の全国軽トラ市の来街者は3万人。当日は、開始時からどんどん人が集まってきます。篠ノ井始まって以来の集客と聞きました。この全国軽トラ市の地域インパクトは大変強くて、商店街に面する銀行のショーウインドーには、2023年末の現在も全国軽トラ市の写真が展示されていますし、商店街の店舗の売場にも同様の写真が飾られていました。もう1回開催したいというお話も聞きましたが、感銘を受けることです。新城軽トラ市ワーキングメンバーへの意識調査でも、最大の思い出として全国軽トラ市開催をあげる方が多くありました。今後、実施負荷を軽減するように開催手法を見いだしていくことが必要ですが、全国軽トラ市開催によって個別の軽トラ市が一回り強くなることは間違いないようです。

②ジャパンモビリティショー（旧東京モーターショー）

続いて、ジャパンモビリティショーです。前身の東京モーターショーは、1954年（昭和29年）に第1回が開催されている日本最大の自動車の祭典です。第20回までは毎年開催され、１９７７年（昭和52年）の第21回からは隔年の開催となっています。現在の開催場所は東京ビッグサイトで、毎回１００万人程度の入場者を集めています。

軽トラ市が、東京モーターショーに組み込まれるのは２０１９年からですが、最初にこのアナウンスを聞いたときには、自動車の先端性を競うモーターショーと軽トラ市の連携に驚いたものです。もっとも軽トラ市仕様車のモーターショー出展は２０１７年にもありましたので唐突というわけでもありません。名称は「軽トラ市 in 東京モーターショー」で、50台が全国から出店しています。ビッグサイト前面のプロムナードで軽トラ市が行われますから、モーターショー来場者の目を引きます。最初は、屋外店舗が並んでいるのだろうと思っていた来場者も、軽トラ市が全国展開されているのだということが分かると、興味が湧き上がるようでした。出店者も、通常の軽トラ市や全国軽トラ市とは、また違った刺激を受けます。我々は大学としての出店ですので、ここでも軽トラ市の調査結果を展示しました。学生が展示パネルを説明するのですが、自動車業界関係者、少なくとも自動車に興味を持つ方々との意見交換は、軽トラ市を考える上で大変新鮮なものでした。

さて、２０２１年の東京モーターショーでも軽トラ市が予定されていましたが、コロナ禍で延期されます。そして、２０２３年には東京モーターショーの名称が「ジャパンモビリティショー」に変わります。モビリティ全般にテーマが広がっていますから、可動の商店街である軽トラ市は、益々適合性が高くなります。だからこそ、モビリティショーのメインゲートに軽トラ市が置かれると考えたいですね。名称は「軽トラ市 in ジャパンモビリティショー２０２３」です。２０１９年のモーターショーと同様に全国の軽トラ市からの出店ですが、これに加えて各軽自動車メーカーやディーラー出店エリアも設けられました。全国軽トラ市が現在の軽トラ市の連携であるのに対して、未来の軽トラ市を指向しようと目標像が設定されています。

我々はスズキ㈱との共同研究を行っていますが、その中から3つの試みを行いました。1つ目は軽トラ市間連携です。軽トラ市は同じ日に開催されているものも多く、複数の軽トラ市を軽トラ中継車で繋いで地域ごとの違った魅力を伝え、相互の購買や観光への拡大を目的にします。事前に新城軽トラ市と篠ノ井軽トラ市の間でリハーサルを行いました。そして、モビリティショーでは、全国からの出店があるので、各出店者をインタビューして、その状況をYouTubeで全国中継しました。2つ目は、軽トラ市地域のブランディングを促進するものです。1台の軽トラックで地域ブランディングの実演を行います。新城市の山間部にある東栄町には雲母の鉱山があるのですが、この雲母が世界最高水準で、欧州や日本の最高級ファンデーションの材料として代わりないものになっています。そこで、地元のコスメ・スタートアップ企業と連携した取り組みとしました。地域ブランドを代表する軽トラックが集まれば、かなり強力な地域ブランディング事業になりますね。3つ目は、新たな交流を創造しようというもので、今回は若者参加の増大をターゲットにしました。具体的には愛知大学学園祭の音楽イベントとの中継です。軽トラ市はまちづくりなので、商業だけでない取り組みも有効だと考えています。少し長くなりましたが、軽トラ市の未来に対して様々な提案が集まることが重要です。

③近隣の軽トラ市ネットワーク

軽トラ市の全国的なネットワークと同様に、近隣の軽トラ市相互の繋がりが日常的にあります。ここでは、我々の地域の活動を紹介させてください。地域名を、三遠南信地域といいます。愛知県の東三河地域、静岡県の遠州地域、長野県の南信州地域の県境を越えた地域ですが、各地域の文字を繋いで三遠南信地域と呼びます。拠点都市は東三河地域の豊橋市、遠州地域の浜松市、南信州地域の飯田市です。総人口は２５０万人で県レベルでは14位、製造業は6位、農業は5位と大きな潜在力を持っています。歴史的な天竜川、豊川による繋がりがあるのですが、間に県境があります。県境が入ると、行政の政策が異なりますし、テレビ・新聞のマスコミも異なります。この県境を越える事業として構想されているのが軽トラ市のネットワークです。三遠南信地域は、三遠南信地域連携ビジョンという地域ビジョンを持っていますが、その中でも軽トラ市に注目しています。筆者はこの地域づくりに40年以上携わってきましたが、軽トラ市がこの地域に集積のある自動車産業と農業が繋がり、しかも県の境を越えて動くことができる事業として、強く引きつけられました。軽自動車の保有台数のところでもみましたが、県境地域は中山間地域を多く含んでいますし、何よりも県境を越えた共通政策が取りにくいのです。全国には県境地域づくりを進める取り組みが80以上ありますので、ぜひ、地域維持に向けて軽トラ市を導入してほしいと思います。

少し横道にそれましたが、この地域では「三遠南信軽トラ市ネットワーク会議」を作って、各軽トラ市の情報交流を行っています。現在のところ、事務局を本学に置いていますが、三大軽トラ市の一つである新城軽トラ市、全国軽トラ市を経験した磐田軽トラ市、掛川軽トラ市、浜松軽トラ市がメンバーで、三遠南信地域連携ビジョン推進会議（自治体代表）も加わっています。コロナ禍以前は対面の会議でしたが、各軽トラ市のウェブ対応に無理がなくなったことから、ウェブ会議に移行しました。その結果、雫石軽トラ市、川南軽トラ市、篠ノ井軽トラ市に加わっていただき、オブザーバーとして日本自動車工業会や軽自動車メーカーからも参加されるようになっています。ここでは、かなり親密な意見交換を行うことができます。近隣の軽トラ市ネットワークは、目前の悩みごとや具体的事業に直結しやすいので、全国のネットワーク化と共に進展することが重要だと考えています。

2-4　軽トラ市の広がり方

①軽トラ市の広がり方

軽トラ市は全国に100以上あって、組織的にもネットワーク化されていますが、どのようにして軽トラ市が広がったのでしょうか。軽トラ市は自然発生ではなく、2005年の雫石軽トラ市から始まった紛れもない発明品です。それだけに、先行する軽トラ市を見なければ実感できなかったでしょう。そこで、全国軽トラ市調査には、軽トラ市を始める際に参考とした軽トラ市はどこかという設問を、初期から設けています。調査結果をみてみましょう。各地の軽トラ市が参考にした先行例は、雫石軽トラ市が23（25％）、川南軽トラ市が18（19％）、新城軽トラ市が15（16％）でした。三大軽トラ市以外は12（13％）で、大半が近隣の軽トラ市をあげており、特定の軽トラ市は見当たりませんでした。無回答が25（27％）ありますが、三大軽トラ市から全国の軽トラ市が派生している構造が理解できますし、この広がり方からみても、三大軽トラ市と呼ぶことがふさわしいことが分かります。

三大軽トラ市からの派生を、地図に示してみましょう。さすがに元祖である雫石軽トラ市を範とする軽トラ市は全国に分布していますが、やはり東日本が重点となっています（図7）。次に、川南軽トラ市からの広がりは、九州が圧倒的に多いですね（図8）。そして新城軽トラ市からは、中部を重点として広がっていることが分かります（図9）。これらの地図からみて、三大軽トラ市が、日本の東、中央、西に存在していることは、軽トラ市が全国に広がる上で重要な意味を持ってきたわけです。また、三大軽トラ市と

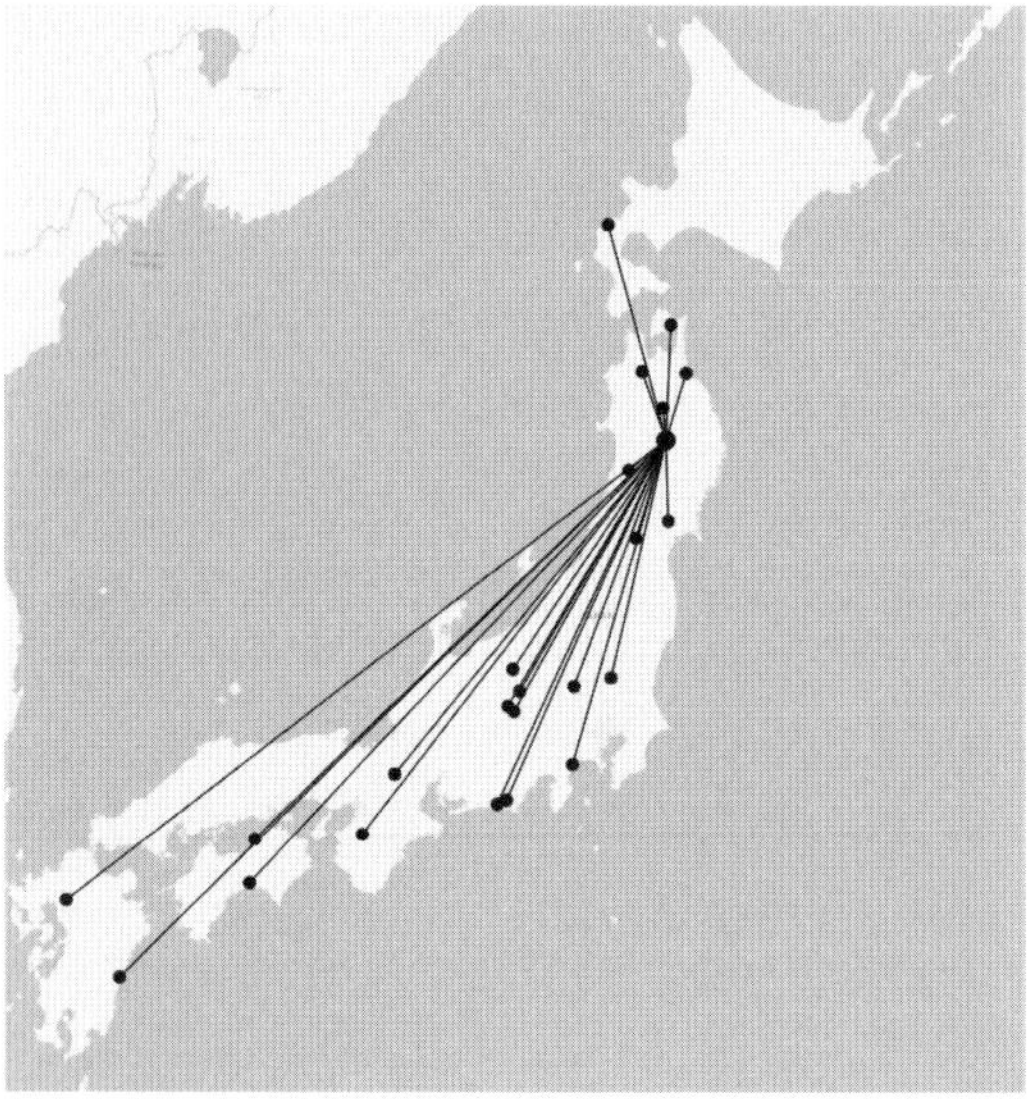

図7 雫石軽トラ市からの広がり

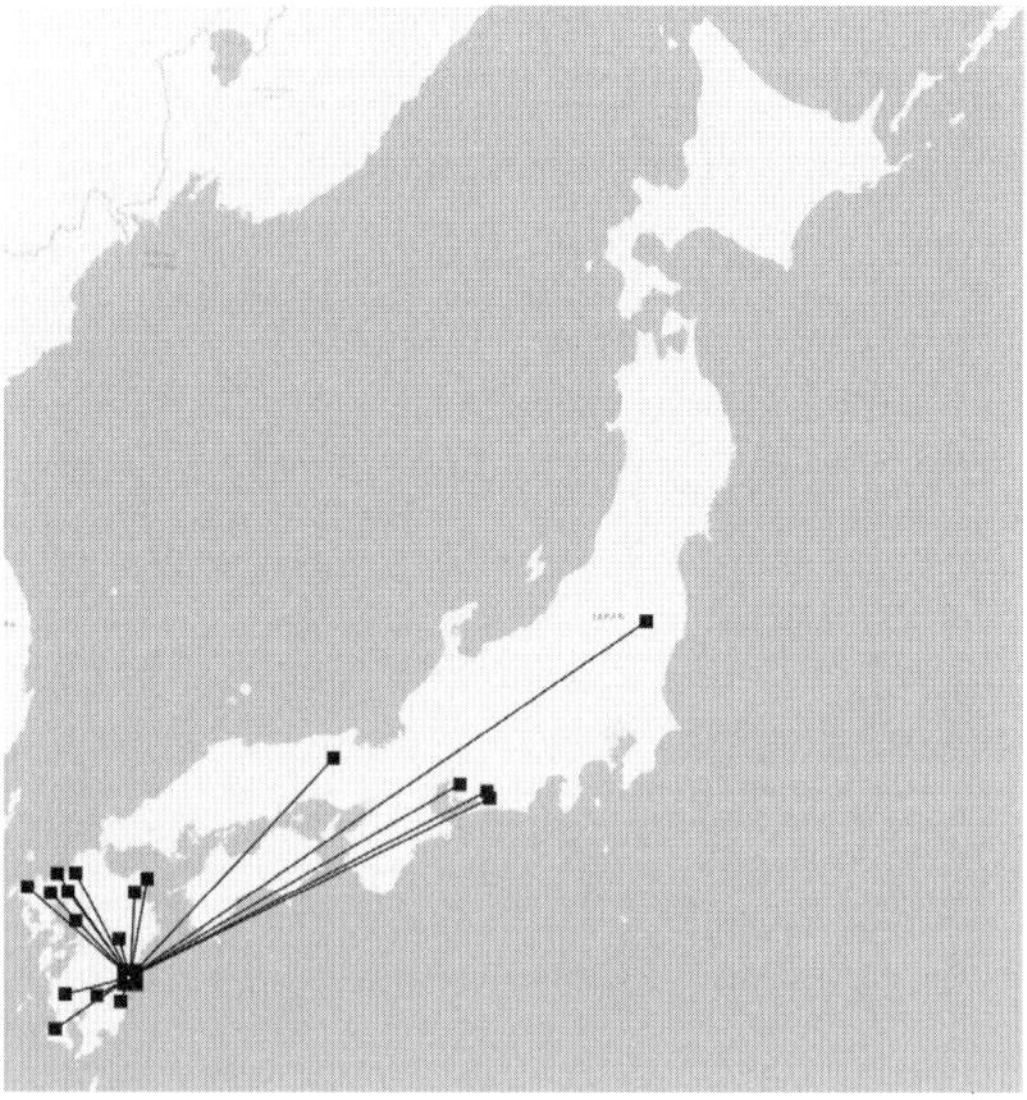

図8 川南軽トラ市からの広がり

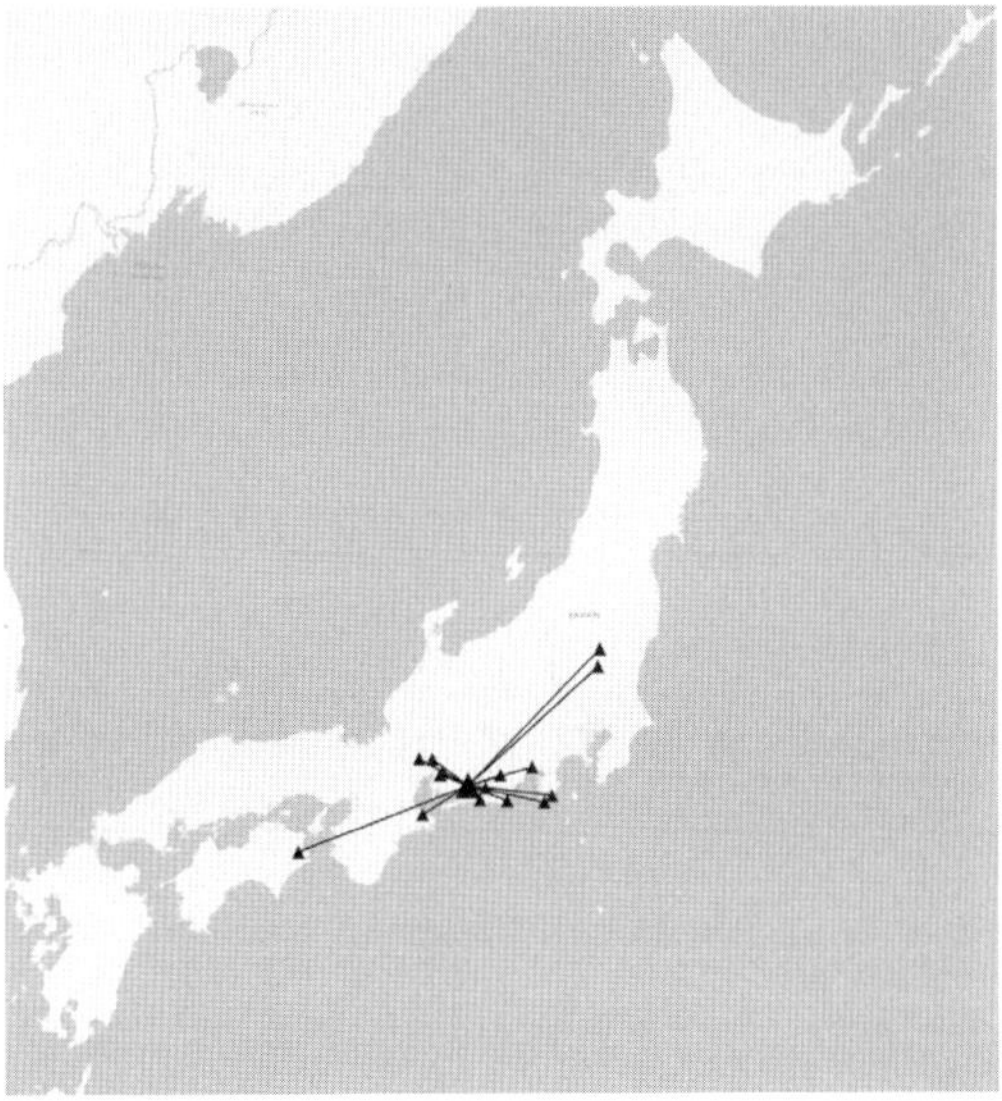

図9 新城軽トラ市からの広がり

いう老舗以外にも身近な軽トラ市が参考となっており、近隣のネットワークが重要であることが分かります。

②視察の効果

さて、モデルとなる軽トラ市から学ぶわけですが、具体的には訪問する、説明を受けるために視察するということになります。時々、「どうすれば軽トラ市を始めることができますか」という質問を受けますが、回答は一つだけで「現地に見に行ってください」ということに尽きます。閑散とした商店街に出店車が続々と入ってきて、軽トラ市が現れるスタートから必ず見てくださいと付け加えます。

これまでのヒアリングでは、概ね3つのタイプの視察があるようです。これを①見学型、②課題解決型、③合意形成型と名づけています。①見学型とは、明確な目的を持たずに、まあ見に行ってみようというタイプです。軽トラ市が始まった初期はこうしたタイプが多かったように聞きました。初めて軽トラ市を見た衝撃が、最大の成果と言えるかもしれません。②課題解決型は、軽トラ市を開始する上で、ある程度課題が分かっている場合です。したがって学ぼうとする内容も絞られてきます。そして、最後の③合意形成型は、軽トラ市にあまり積極的でないメンバーも含めて一緒に視察することで、合意を形成していく、かなり戦略的な視察と言えます。これらは多くの地域事業を始める際に起こることで、軽トラ市に限ることではありませんが、軽トラ市はこれら目的と効果が鮮明なように思います。三大軽トラ市には多くの視察がありますし、視察者の目的を意識した説明がなされています。

ところで、こうした視察からどの程度の軽トラ市が実現に至るのでしょうか。新城軽トラ市の事例ですが、２０１０年から２０１９年までに72団体の視察があり、何らかの実施に至ったものが29団体ありました。一つの軽トラ市から複数の団体が訪問しているケースなどもあり、単純に実現比率を出せませんが、視察の有効性をみる思いがします。この後、視察した団体に追跡調査をしています。これらの視察のうち、先にあげた視察タイプでは、見学型7割、課題解決型3割、合意形成型2割でした（複数選択）。半分ぐらいの視察は、ある程度目的が絞られていたようですが、取りあえず見てみようというケースも多く、気楽に訪れてみるのが第一歩でしょう。また、視察はこれから軽トラ市を始めるスタートアップ時のみならず、スタートした後に他事例から学ぶというフォローアップ目的もあります。さて、どんな内容をフォローアップしたいと考えているのでしょうか。参考に、全国軽トラ市調査から軽トラ市運営上の課題や苦労している点をあげておきます。「出店者の募集」「運営スタッフの募集」「効果的なＰＲ方法」などが多く、これがフォローアップのポイントにもなります。

軽トラ市の広がり方と、視察で何が起こっているのか、ご理解いただけたでしょうか。この本が実物の軽トラ市を見に行かれるきっかけになれば、これほど効果的なことはありません。

2－5　軽トラ市の運営者

①軽トラ市の運営者

軽トラ市の第3原則は地域の方々が運営を担っていることです。運営者とはどういう方々なのでしょうか。第3章でインタビューしている三大軽トラ市のリーダーの皆さんがその代表例ですが、まずは全国軽トラ市調査から大まかに全体像をみてみましょう。軽トラ市を実施する団体の多くは、運営全体を行う実行委員会と事務処理を行う事務局から構成されています。まず、継続の重要なポイントになる事務局ですが、商工会などの経済団体が40％と断然多く、次いで行政が事務局を担うものが18％となっています。軽トラ市を開催する地域の状況によっては、出店者団体、まちづくり団体等が事務局となる例もあります。その地域に合った事務局体制を取ることが必要ですし、似通った事務局体制の軽トラ市を視察することも有効です。次に、実行委員会のメンバーです。これは商業者65％が最も多く、行政職員、商工会などの経済団体が各々40％程度です。その他に農業・漁業関係者が30％、一般市民のボランティアも30％になります（図10）。このように、地域の様々な主体が一体となった運営形態であることが軽トラ市を地域に根づいたものとしているとも言えます。

さて、実行委員会に相当するメンバーとして、新城市軽トラ市のワーキングメンバー44人のまちづくりの経験を調査したことがあります。新城軽トラ市は、新城市の中心商店街で開催されているのですが、過去に様々なまちづくり事業が実施されています。そして、主要なワーキングメンバーは10年以上前からのまちづくり協議会構成員（20人）、まちづくり会社構成員（30人）と重複していました。言い換えれば、長くこれまでのまちづくりを先導しながら、各事業に持続できないものがあったとも言えます。地方のまちづくりの多くは、なかなか実を結びにくく継続しにくいものです。多くの軽トラ市で、出発時の話を伺うと、これまでの経験と、もう一度という思いが結びついているように思います。だからこそ、いずれの軽トラ市も運営の細部に至るまで、人が繋がる知恵が光っています。

② 軽トラ市運営の特徴

次に軽トラ市運営の特徴を3点みておきましょう。まず

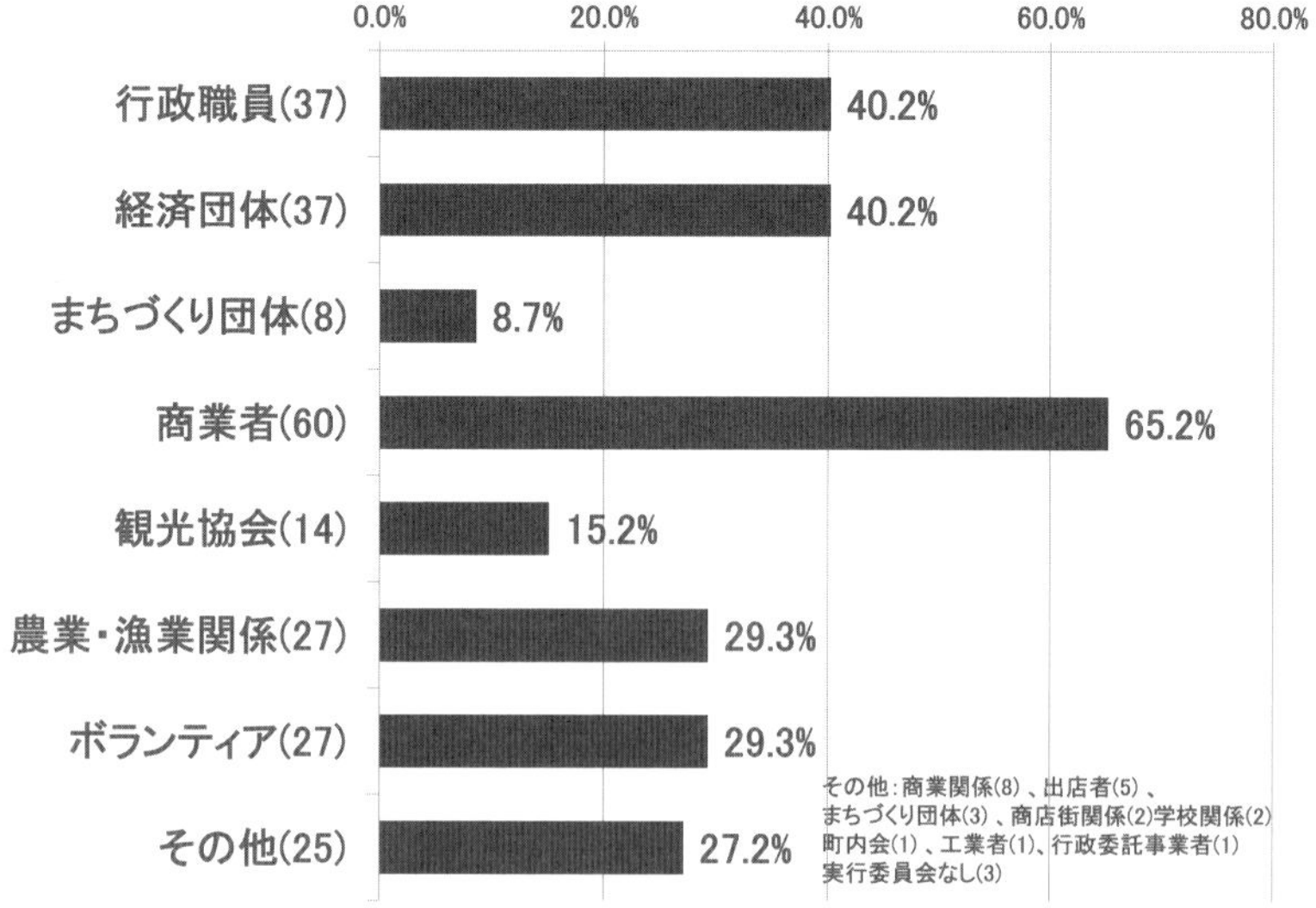

図10 実行委員会の構成

は、年間運営費です。調査結果をみると、年間50万円以下も多いことが分かります。各団体の平均を取ると、年間運営費は86万円、1回開催当たりでは10万円程度となりました。1回当たりの来街者数1700人を考えると、かなり低いことが分かります。また、補助金に頼りきらないのも軽トラ市の特徴です。主要な軽トラ市では、1台当たり3000円の出店料で全体運営をしている例が多く見受けられます。勿論、補助金が障害というわけではありません。スタート時の補助金は間違いなく重要ですが、経常的な収入を補助金に頼りきると、補助金の切れ目が事業の

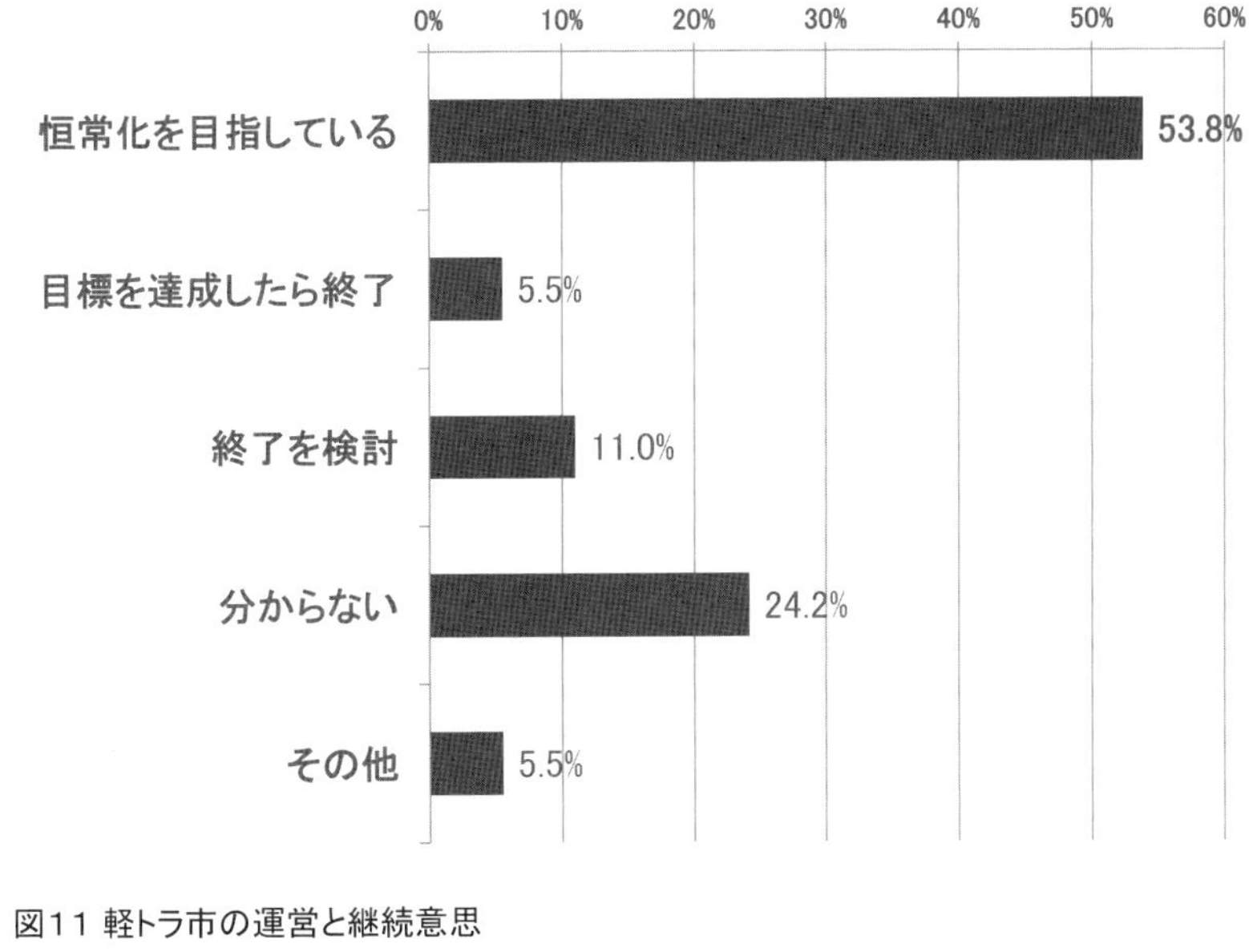

図11 軽トラ市の運営と継続意思

切れ目ということにもなりかねません。これも軽トラ市が継続されてきた重要なポイントです。

次に、運営者の軽トラ市に対する意識です。その調査結果が図11ですが、恒常化を目指しているものが過半数でした。このデータは、当初、軽トラ市はイベントの延長だろうと思っていた筆者の考えを変えるものとなりました。恒常化を前提としているのであれば、本格的なまちづくりと考えることが妥当でしょう。ここから、種々の発想も生まれてきます。かつて雨を嫌った商店街にはアーケードがかけられたように、軽トラ市に適合した商店街の設計があってもいいことになります。例えば、空き店舗をストック場所にすることや休憩のための広場もいいでしょう。運営者の方々から聞くのは、電気や水道などの設備を備えた道路です。可動性を組み込んだ軽トラ市仕様の道路ということになりますね。

最後に、全国の軽トラ市運営者が連携したい相手です。軽トラ市は、道路使用の手続きや当日の運営、出店者の呼びかけや催しまで、多くの協力機関を必要としますので、特に連携したい機関を聞いてみました。最も多いのが農協の41％です。地場農産品は軽トラ市の大きな魅力で、妥当な比率だと言えます。地元商店街の37％も多く、商店街との連携は不可欠ですね。諸手続き上、行政の28％も外せません。また、地域の祭りの29％は、地域の催しとの一体化です。そしてボランティア団体が24％あることは、軽トラ市をまちづくりと考える証しとも言えるでしょう。

軽トラ市の運営者について概略をみてきましたが、具体的には次章で、三大軽トラ市を仕掛けてきたリーダーの皆さんのお話を聞いて下さい。

第３章
仕掛け人が語る軽トラ市

日本の軽トラ市には、３つの中心的な軽トラ市があります。軽トラ市発祥の地である岩手県雫石町、宮崎県川南町、愛知県新城市ですが、それらの軽トラ市を立ち上げた仕掛け人の方々から実体験を聞いてみましょう。現在進行形の物語です。

岩手県雫石町

元祖 しずくいし軽トラ市

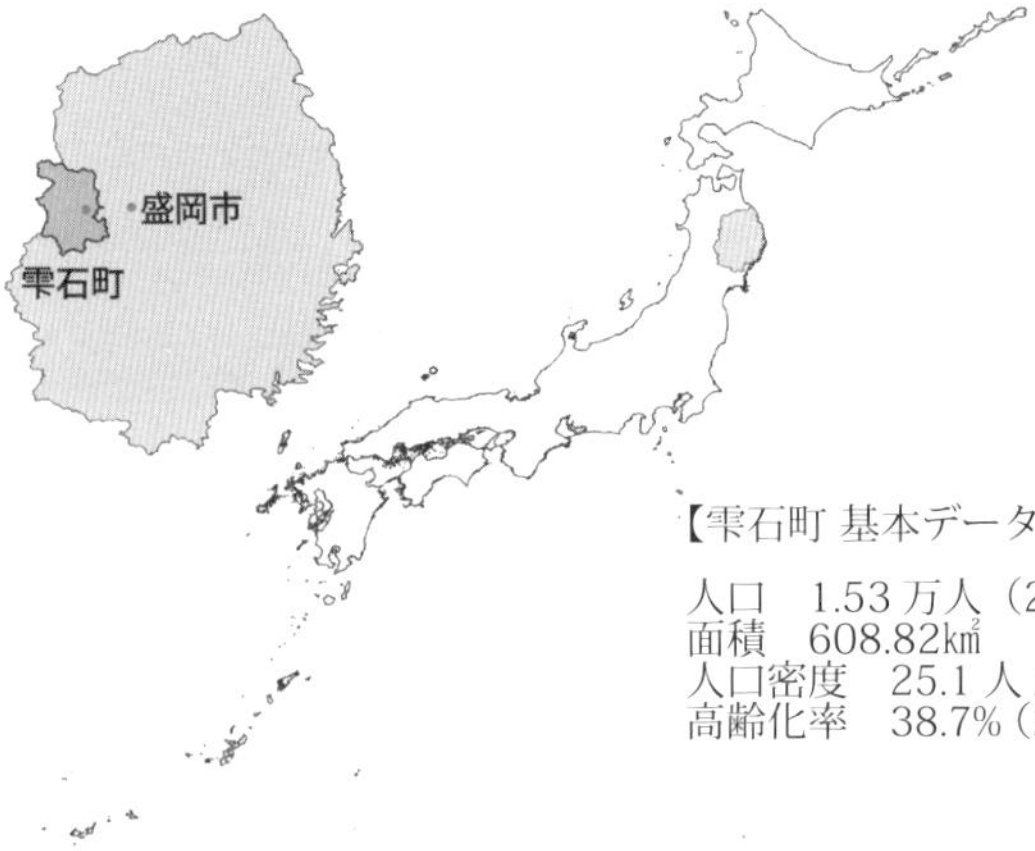

【雫石町 基本データ】

人口　1.53万人（2024年1月現在）
面積　608.82㎢
人口密度　25.1人/㎢
高齢化率　38.7%（2020年国勢調査）

3-1　元祖軽トラ市　岩手県雫石町

全国に広がる軽トラ市が生まれたのは、岩手県雫石町です。雫石町は盛岡市から西に約16㎞、ＪＲ田沢湖線で20分の位置にある人口約１万５０００人の町です。１９５５年（昭和30年）に旧雫石町、御所村、西山村、御明神村が合併し、現在の町域になりました。西は奥羽山脈を境に秋田県に接しており、雫石駅は盛岡と秋田を結ぶ秋田新幹線こまち号の停車駅でもあります。戦国時代に雫石で誕生した「よしゃれ」は、現在でも祝いの席では欠かせない唄と踊りとして受け継がれています。産業は稲作を中心に、野菜、花卉、畜産などを組み合わせた複合経営型農業が主流です。岩手山南麓にある日本最大の民間農場である小岩井農場のほか、温泉やスキーなど、豊かな自然を活かした観光にも力を入れています。

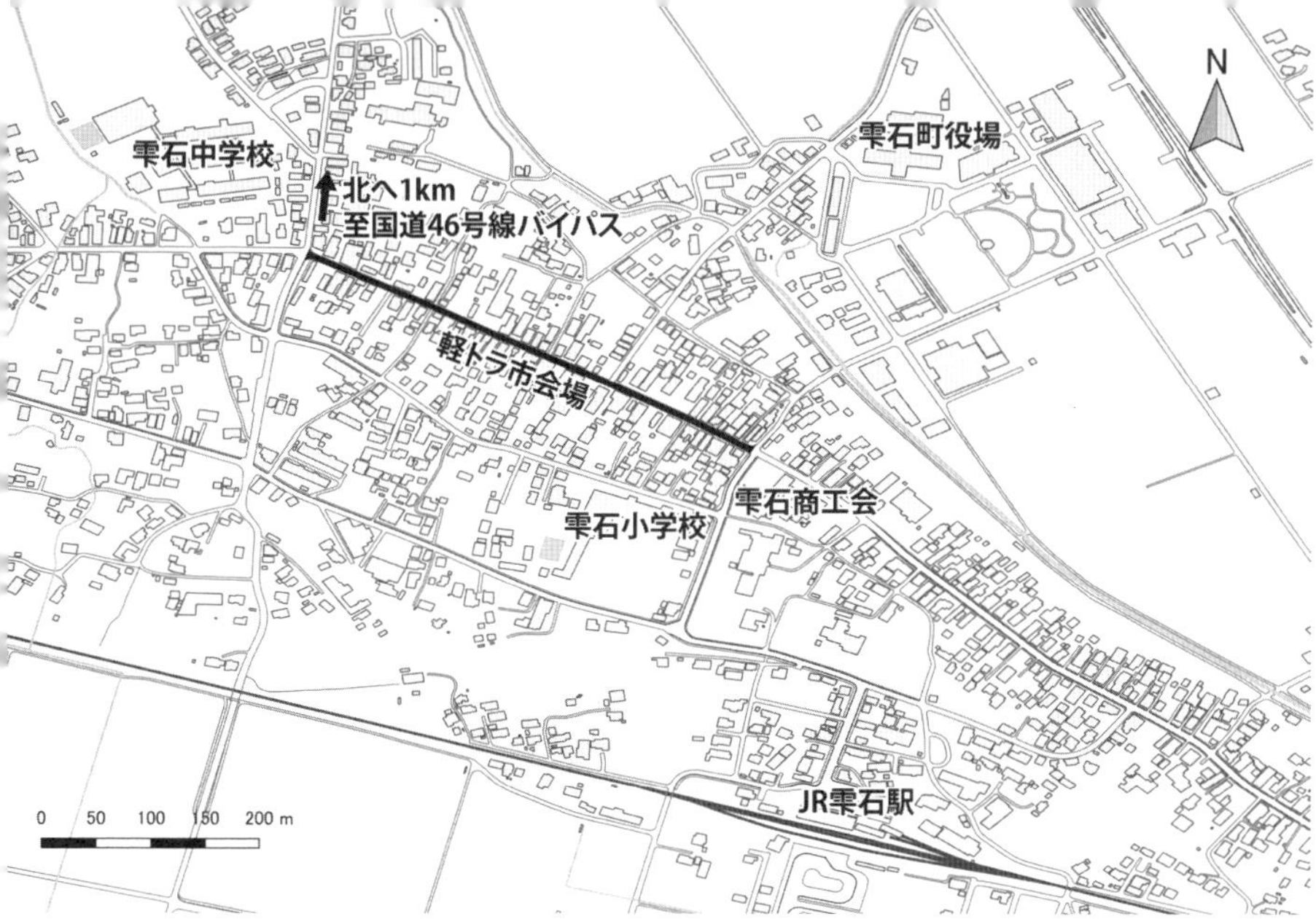

【しずくいし軽トラ市実行委員会体制図】

委員長
副委員長
企画部会
総務・運営部会
広報部会

実行委員のうち10名程で金曜日の事前準備を行い、当日は30名から40名が運営スタッフとして、会場設営、受付、警備などの業務を分担する。実行委員会は年に6回開催。必要に応じて、委員長、副委員長、各部会長からなる執行部会議や各部会議を開催して意思決定を行う。

元祖しずくいし軽トラ市は、中心市街地である県道２１２号線、通称よしゃれ通りを４６８ｍ交通規制し、5月から11月の毎月第１日曜日、午前9時から午後1時まで開催しています。２００５年（平成17年）に第１回が開催され、２０２３年（令和5年）11月現在の開催回数は１３３回です。コロナ禍前（２０１９年）の出店台数は約50台、平均来街者数は４５００人です。雫石駅から会場までは徒歩10分程度で、雫石町役場駐車場が来街者用に提供されています。

実施体制は、ＴＭＯ雫石商工会としずくいし軽トラ市実行委員会の共催とし、実行委員会には商店街店主のほか、町内青年団体、雫石町、観光協会などの関係団体からの参加があり、事務局は商工会職員が務めています。

仕掛け人インタビュー

実行委員長　相澤　潤一氏

1967年生まれ。軽トラ市会場となる商店街で、建具や家具の製作、販売を行う相澤木工所を営む。元は桶屋が家業と伝えられているが、祖父の代には現在の場所で木工所を営んでおり、創業年は不詳。商工会の若手中心メンバー、青年部長として中心市街地活性化の各種事業に取り組んだ後、軽トラ市事業に立ち上げから関わり、2011年に3代目実行委員長に就任。現在まで12年間務めている。

■しずくいしは 軽トラ市の発祥の地です。軽トラ市発案の背景と着想について教えてください。

軽トラ市を始めるずっと前から商工会のほうで中心市街地活性化委員会というのがあったんです。私はそこに一番の若手メンバーで入っていて、かなりフットワーク軽くいろんなところに視察に行ったりしました。国道に交通規制かけたっていう秩父のナイトバザーを見にいったり。ここも何かイベントやるのに交通規制かけるには、どうしたらいいのかなって。軽トラ市の前に商工会でいろいろやってるんですよ。「戸板市」といって、戸板1枚分のスペースに物を並べて販売することもやりました。最初は各店舗の前でやっていたんだけども、一か所に集めて販売したほうがお客さんが来るだろうということで、商工会の駐車場でやるようになりました。ところが、一か所に集めちゃうと、顔見知りの関係で、ここに寄って買い物したら、ここにも寄らなきゃいけないからというので、来ない人が結構出てきちゃったんです。それで「戸板市」も百回ぐらいでやめちゃった。商業集積を作ろうとか、パティオ形式とか、いろいろ考えて、ちょうどその時に流行っていたハコモノ作ろうっていう話になったんです。ところが、計画構想を練ってる間に、世間的にハコモノ駄目じゃんっていう話になって。ハコモノではなく、何かって考えてたあたりに、ソフト事業として軽トラ市のような話が出てきたんです。

なんぶ軽トラ市

青森県の旧南部藩の地域とは文化的にも繋がりが深く、出店者、来街者の行き来も盛んである。11月の軽トラ市は青森県南部町のなんぶ軽トラ市から収穫時期のりんごや洋ナシ、ぶどうを積んだ軽トラが参加していた。軽トラの荷台はこのりんご箱が無駄なく積める寸法に設計されている。

■商工会の中心市街地活性化委員会の中で軽トラ市が発案されたのですか。

商工会の中心市街地活性化委員会が活動を始めた後に、雫石町が中心市街地活性化計画を作るんですけど、その時に町のほうでワークショップを開いたんですよ。そこで軽トラ市の話が出たんです。盛岡でスーパーを経営されている方が、住民の立場として参加されていて、マーケティング調査とかすごいやられている方だったんですが、その方がぽろっとしゃべるような言い方で言われたんですよ。

■その時、相澤さんはどう思われたんですか。

なかなか面白い発想だなって思ったんだけども、はたして農家さんに話して、うんって言うかなって思ったんですよね。まあ地元なんでね、住民の特性なんかだいたい分かってたんで。でも、商工会、農協さん、役場、観光協会さんなんかのいろんなツテを利用して、みんなで声掛けしてなんとかうまくいって、出店してくれる人がいたんで良かったです。

■最初は軽トラ市という名称もないですよね。どうやって声を掛けられたんですか。

みんなで集まって軽トラの荷台に物載せて市を開くので、農作物とか朝採れで積んで持ってきて売りませんか、みたいな話ですね。「軽トラックの荷台に物を積んで、軽トラッ

固定店舗からの出店
商店街の固定店舗も道路に向けて仮設テントや陳列台を並べる。自店舗商品を売る場合もあれば、他者に場所貸ししている場合もある。

クの荷台で売る市」って長いから、軽トラック市にしようということで、最初は「軽トラック市」という名称にしました。最初は軽トラックを販売する市だと勘違いする人がかなりいました。元商工会長の中古車屋さんから出店したいということで商工会に電話が掛かってきて、趣旨を説明したら勘違いされていることが分かったんだけど、面白そうだから出店するわって言って出店されて。それ以来ずっと中古軽トラックの販売で出店されています。年に数台のペースでずっと売れているようですよ。

■住民や商店街の方々も最初は理解が難しかったのではないですか。

軽トラ市っていうものが全く認知されていない状態だったので、商店からしてみたら、自分の店に来るお客さんじゃない人がわあって来ても、車で来るようなお客さんが逆に来れなくなるから迷惑だっていう話をよくされてました。軽トラ市っていうのはこういう目的で、人を集めて、集めたお客さんが必ず商店にも目を向けますからっていうことを懇々と何回も説明しに行って、なんとか同意書にハンコ押してもらいました。軽トラ市開催日は、給料日の後で購買意欲が増す時期ということで、第1日曜日に決まったんですけど、ここの商店街は実は第1日曜日は定休日だったんですよ。なので最初はほとんどのお店が閉まってたんだけど、やっぱりあれだけの人が来ると、じゃあ店開けてなんか売ろうかっていう考えに変わった人が開けるようになって、物を前に出すようになって。両脇が儲かってきちゃったりすると、じゃあやっぱりうちもやろうかなって変わったり。隣同士で付き合いがあるから、話してくれるんですよ。そうすると、じゃ

商店街の中の住宅
商店街に面したまとまった区画が住宅地になっている場所もある。

よしゃれ通り
元はお座敷踊りだった「よしゃれ」は、現在は屋外でも踊られ、商店街を踊り手たちが練り歩く「よしゃれ祭り」も開催される。街路灯のデザインにも取り入れられていた。

あ開けっかって。意固地になってた人もそうやって周りが話してくれるんで。みんな開けるようになるまで3年ぐらいかかりましたね。

■一般住宅や借家になっているところもありますが、住民の方はどうですか。軽トラ市が開催された後に移り住む方もおられますよね。

道路占用許可を取る時は、通り沿いの住民に同意書をもらいに歩くんです。貸家の場合は人が入る時に、家主さんが説明するんですよ。軽トラ市で第1日曜日は動けませんよと。実行委員会で用意した書類を家主が借主のところに持っていって、それで承諾のハンコをついてもらうんです。

■会場となっているよしゃれ通り商店街についての想いを教えてください。

「よしゃれ通り商店街」っていうのは実は通称なんですよ。ここは元々、秋田に抜ける街道だったんです。それこそ、雫石商工会が建っている場所は代官屋敷跡だったんです。旧街道沿いにできていた町並みに、「元町商店街」っていう名前が付いたのが昭和30年代ぐらいです。私が子どもの頃、ここは国道だったんです。人通りもかなりあって。商店街に子どもが通るとあそこの息子だとか、知り合いがあって、みんな声掛けたりね。賑やかだったんですよね。国道なのに安心して通学できた。それが1982年(昭和57年)にバイパスができて県道になって、どんどんどんどん、寂れてきてるのを見て、昔の賑

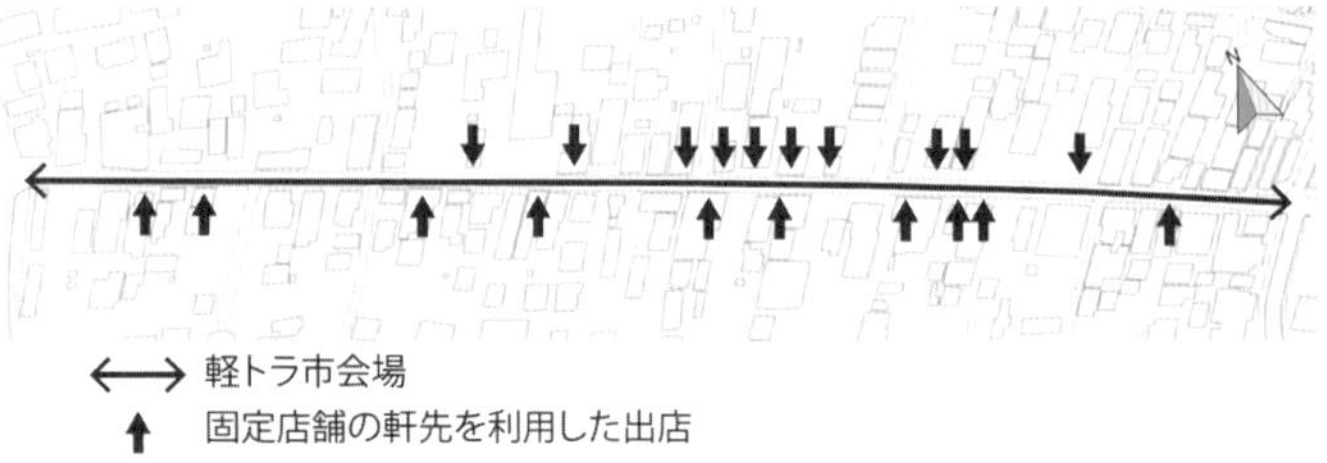

軒先を利用した出店
2022年11月の調査では、営業中のほぼ全ての固定店舗が店を開けていた。また、軒先を利用して自店舗の商品を売る店、他の出店者に軒先を貸している店が合わせて20店舗あった。

わいをもう一度感じたいっていうのがあります。あともう一つ私の中で、商店街がもしなくなってしまったら、年取った時、どこに買い物に行けばいいのっていう想いがあって。日用品を買いに行ける場所があれば、年取ってもちょっと歩くだけで買い物に行けるんで、商店街っていうのは残しておいたほうがいいという考えがあったんですよ。

今、軽トラ市会場になっている区間は、平成の始めあたりまでは75店舗ぐらいあったんですが、今は37店舗ですね。空き店舗はお店やめてそこに住んでるだけとか、もうすっかり店舗解体して空き地とか駐車場みたいにしちゃったりとか。元町商店街協同組合が解散した後に、やはり何か集まって、何かしなきゃなんないっていうので、「楽市くらぶ」っていう任意団体を作ったんですよ。7、8人だったかな。それでその任意団体で「元町商店街」よりも親しみやすい名前に変更して、お客さんが来やすい状況をつくろうっていうので公募したんですよ。それで決まったのが「よしゃれ通り」っていう名前だったんです。まあ、雫石町からしたら通称ですよね。それで初めは通称って言われてたんだけども、いつのまにか通称が取れて「よしゃれ通り」って呼ばれるようになったっていう。でも詳しく言うと、実はまだ通称のままなんです。

■固定店舗の前でいろいろ売っていたり、イベントをしていたり、神社では骨董市をやっていたり、軽自動車による出店以外にも随分ありますよね。

ここの軽トラ市は、固定店舗の軒先でお店開いてる人がそこのお店の人っていうわけではないんです。軒先とかはお店の店主とか地主さんと相談してやってくださいってこ

いち押し店
　固定店舗のうち数店舗が今月の「いち押し店」として引き立てられる。出店者は2月に募集され、1年分の配置計画が決められるが、「いち押し店」も店舗側の立候補により、何月にどの店舗にするか、2月の時点であらかじめ決められる。「いち押し店」の店先は車両でふさがないように配置計画がなされる。

とにしてる。実行委員会として管理してるのは道路だけっていうことで出店料も取らない。出店者の商品と、固定店舗の商品は把握してますけど、それ以外は把握してないので、たまたま似たような商品が近くで売られることになってもそこはしょうがないです。固定店舗にはいわゆる協力金をいただいてるので。年間で最低3000円だったかな。だいたいのところは5000円ぐらいいただいてます。固定店舗に対しては「今月のいち押し店」というのに応募できる制度があって、いち押し店になった店は会場内でお店紹介のアナウンスをして、その日は店の前には出店者の車両を置かないようにします。協力金出してないところもあるんですけども、そういうお店は今月のいち押しとかにも参加しないし、単純に軽トラ市の時に店先で物を売るっていうのも、まあ、商店街が盛り上がってくれればいいなっていうので構わないです。

　骨董市は、楽市くらぶのメンバーの方が盛岡で骨董市をやってる団体の方と知り合いで声掛かってきて。骨董市っていうと神社っていうイメージがあるんで、神社を利用して軽トラ市やるときに一緒にやりたいって言うので。じゃあ楽市くらぶとして骨董市を斡旋しようというのが元々なんですよね。

■三陸山田の寅丸水産さんのお店は毎回長蛇の列になっていますが、寅丸水産さんとの繋がりについても教えてください。

　商店街のお店で、雫石の他でも商売されている方があって、その方の繋がりで声を掛けられたのが最初です。何年か出店してもらった後に震災があって。その時にも良く来

被災地からの参加

三陸山田港から出店する寅丸水産は毎回長蛇の列ができる。津波で一度流された備品をもう一度集め、修繕したものを使って営業している。

てくれましたね。売るものないって、物もない、車もないって言ってたんだけど、まず来てくださいっていう話をして。イカも水かぶっちゃったんですよね。真空パックでも売り物にはならないからって言うので、寄付してくださった方へプレゼントっていう形にして配ったんです。震災終わって数年経って、来れるような状況になった時には、11月に軽トラ市終わっても、12月に物売りに来るよとか、もう軽トラ市関係なく月1回ぐらいで来てくれますね。

■逆に、しずくいし軽トラ市が盛岡などに出ていって、出前開催されることもありますよね。

軽トラ市やってるときに、他から声掛かったんですよね。うちのほうに来てやってくれないかと。それでいろいろ検討した結果、軽トラ市っていう名前を他で宣伝できるし、呼んだ側も軽トラ市っていうお客さんが集まるものをやればイベントも盛り上がるし。出店者も雫石だけじゃなくて、他でも儲ける場所ができるっていうことでやることになりました。だいたいこういう業種でお願いしますっていう依頼が来たら、登録出店者の中からそういう業種をピックアップして。ただ、ちょっと縛りを設けてまして、いわゆる活性化目的の時には行きます。そこの地域で活性化の起爆剤にしたいとか、そういったときには出前で軽トラ市やって、そこの地域のにぎわいを創出したりします。でも、単純にどっかの企業がうちで軽トラ市やってくれって言っても行きません。

車両配置
この日は道路の南側に車両を並べ、北側を空ける配置。写真左側手前が実行委員長相澤氏の相澤木工所店舗。

※　中心市街地活性化法で定められた、中心市街地におけるまちづくりを推進する機関。Town Management Organizationの略。

■道路を利用するにあたって地域再生特区の認定を受けましたよね。これは結構仕立ての大きいことですが、どうしてでしょうか。

それはですね、県警にいくら町とかうちらが話に行っても、うんって言わなかったからなんですよ。だったら国から言ってもらおう、下から上げても駄目なら上から攻めようっていう形で。岩手県警はかなり道路使用の許可がおりないところで、元々何かイベントやる時には必ず障害があったんですよ。町が中心市街地活性化計画を策定して、商工会がＴＭＯ（※）として手を挙げた時に、道路を使いたいって何回も県警に相談に行ったらしいんだけど、全部蹴られて帰ってきて。それで、ＴＭＯの認定を取る時に、書く人がうまく書いて、ＴＭＯと共に特区の認定も取ったんです。

■道路の使い方にも細かい工夫がありますよね。

道路に軽トラを並べる時は、緊急車両が通れるように片側に寄せるんですけど、どうしても軽トラが寄ったほうの固定店舗は3割ぐらい売上げが落ちるんですよ。だからなるべく公平感をだすように、道路の北に寄せるか、南に寄せるか、毎月動かすんです。あとは、お客さんの回遊性を促すために必ず出店場所は毎月移動するとか。

全国軽トラ市サミット

２０１４年「全国軽トラ市inしずくいし」で開催された、「第１回全国軽トラ市サミット」の様子。「第１回」としているところに、継続開催への意思が表れている。

■全国軽トラ市は相澤さんのアイディアですよね。２００９年（平成21年）に「軽トラ市」の商標登録もされていますが、どのようなお考えでのことでしょうか。

雫石の軽トラ市でロゴ作って、お土産とかにそのロゴを使ってもらおうっていう目的で、商標登録取ろうかっていう話があったんですけど、そんな中でどっかの企業で商標を取ろうとする動きがあるっていう情報を仕入れて。このままじゃまずいなって。それこそ軽トラ市っていう名前が使えなくなると広がりがもうなくなるんで。それで先に取りましょうっていう話をした思い出がありますね。軽トラ市をやる人が使うことは全然問題ないです。むしろそのために商標登録を取ったんです。

第１回全国軽トラ市は２０１４年（平成26年）の開催ですが、その当時、いろんな問題、課題点が出てきていて。解決できるものも、解決できないものもあって。ひょっとしたら他の軽トラ市開催してるとこでは解決してるものがあるんじゃないかなあと。で、うちらで解決してるものも、ひょっとしたら他ではまだ問題として残ってるものがあるんじゃないのかっていうので。だったら一堂にそういった団体が集まって話し合いをすれば、他のところでも参考になるし、うちでも参考になるし、それで軽トラ市というもの自体が進化していくんじゃないかなっていうので考えて。それで最初に考えたのが全国軽トラ市サミットのほうなんですよ。それで、全国軽トラ市サミットをやるためにただ集まってもらうだけでは申し訳ない。来てくれる団体のメリットを考えて、何か売るものを持ってきてもらって、いくらかでも儲けてもらおう。じゃあ次の日に全国軽トラ市を開催しようっていうことになったんです。そうすると、開催地域はいろんなものが来るからメディアにも取り上げられるし、認知度がアップすると。今後の集客力にもどんどんプラスになってくるから、サミットと市を組み合わせてやったんです。雫石で開催した時は、雫石の町並み、小岩井とか有名どころなど観光地を案内するエクスカーションもあったんですよ。

■第1回全国軽トラ市の時にはスズキ株式会社の鈴木修会長（当時）が講演もされていますよね。

鈴木修会長（当時）が、いろんなところで軽トラ市っていいもんだよってことを講演されてたんですよ。そういった話も聞こえてきてたんで、もうアポイントとって話しに行ったんですよ。本社のなんか応接室みたいなとこで、修会長がいて、その時に話をふられて、実はこういうのを考えてますと全国軽トラ市の話をして。で、その時にはぜひご支援をお願いしたいんですけどって言ったら、修会長のほうから、俺で良かったら行くよって。行って話するよって言われて。じゃあ、ぜひともお願いしますって言って、来てもらったんです。

■2022年（令和4年）の第7回全国軽トラ市サミットでは、軽トラ市開催日以外の日常が重要だとおっしゃっておられました。そのお考えをもう少し聞かせてください。

私個人としては、軽トラ市をなんでやるかって言うと、一番最初の目的の、軽トラ市

相澤氏製作の機織り機

相澤氏の本業は木工職人。ものづくりの発想が軽トラ市の運営にも生きているのかもしれない。

に来たお客さんに商店に入ってもらう、見てもらうことなんです。一回も入ったことないお店っていうのは入りづらいから、こういった開放的な状況の中だと入ってくれるから、その時にその商店の品ぞろえとか、店主の人となりを見てもらえば、次から入りやすくなるなって。だから軽トラ市をやっていきたいなって思ってるんですよ。私の店来てもらえば分かるけど、なんにも物出してませんよね。とにかくガラガラと開けて、自由に出入りできる状況にして。それでも表に出してあった機織り機を見て、他で売ってるとこないんで買いに来ましたって、普通の日に買いに来たお客さんがありましたよ。あそこに出てる機織り機、俺、作ったやつです。でもやっぱり、軽トラ市の時だけでも売上げアップしたいという考えの人もいますし、そこはちょっと強制できないですよね。その人その人たちの考え方で軽トラ市を利用していただければいいのかなと。

■最後に、これから軽トラ市を見に来られたり、始めたいと思っている方に伝えたいことをお願いします。

軽トラ市を知らない人には、こういった手法がありますよ、何か参考にできることがあればぜひとも参考にしてくださいと言いたいです。これから軽トラ市を開催したいと思っているんだけども、どうすればいいか分からないっていう人には、効率的に、楽しく運営する方法を見に来てほしいと思います。資料を見ても分からないことが多いので。金曜日の準備作業から参加して全部見るとか。そこまでやるとたぶん分かると思う。それは私たちも受入れますよ。もう一つは何のためにやるかということですね。地域を活性化したいっていうのもあるし、とにかく物を売りたいんだけど売る場所がないっていう人たちが集まってやるところもあるから。やってるうちに目的が変わっちゃうんですよね。軽トラ市は地域の活性化のためにやってるんだけども、いつの間にか軽トラ市を開催することが目的になっちゃってるっていうのもあるんで。雫石、川南、新城の三大軽トラ市は、地域の活性化が軽トラ市の目的であるという点はしっかり共有しています。

年表　元祖しずくいし軽トラ市

秋田へ続く街道沿いに町並みが形成される

- 昭和 30 年代
  - ・街道沿いの町並みに「元町商店街」の名称が付けられる
  - ・雫石商工会設立
- 昭和 50 年代
  - ・バイパスが開通し、商店街のある通りは国道から県道に変わり、交通量が減少する
- 昭和 62 年　・第 1 回戸板市開催
- 平成 5 年　・雫石元町商店街協同組合創立
- 平成 11 年　・雫石町人口が減少に転じる

Movement
道路活用の先進事例視察など
活性化事業の試行錯誤

- 平成 14 年
  - 商工会内の有志により「中心市街地活性化委員会」結成
- 平成 15 年　・法人としての雫石元町商店街協同組合の解散
  - 商店街有志による任意団体「楽市くらぶ」結成

Movement
公募を実施し「よしゃれ通り商店街」の通称を決める

  - ・雫石町中心市街地活性化基本計画策定

Movement
雫石町主催のワークショップで
住民から「軽トラ市」の発案

- 平成 16 年　・雫石商工会 TMO 構想策定、事業推進組織として認定
- 平成 17 年　第 1 回軽トラ市開催
- 平成 21 年　・元祖軽トラ市の商標登録
- 平成 23 年　・国土交通省 地域づくり表彰「全国地域づくり推進協議会会長賞」を受賞
- 平成 26 年　第 1 回全国軽トラ市 in しずくいし開催
  - ・雫石よしゃれ通り周辺 JV の活動開始
- 令和 5 年 11 月　・第 133 回軽トラ市開催

Movement
まちづくりの新しい動き

宮崎県川南町

日本一の軽トラ市

「定期朝市」トロントロン軽トラ市

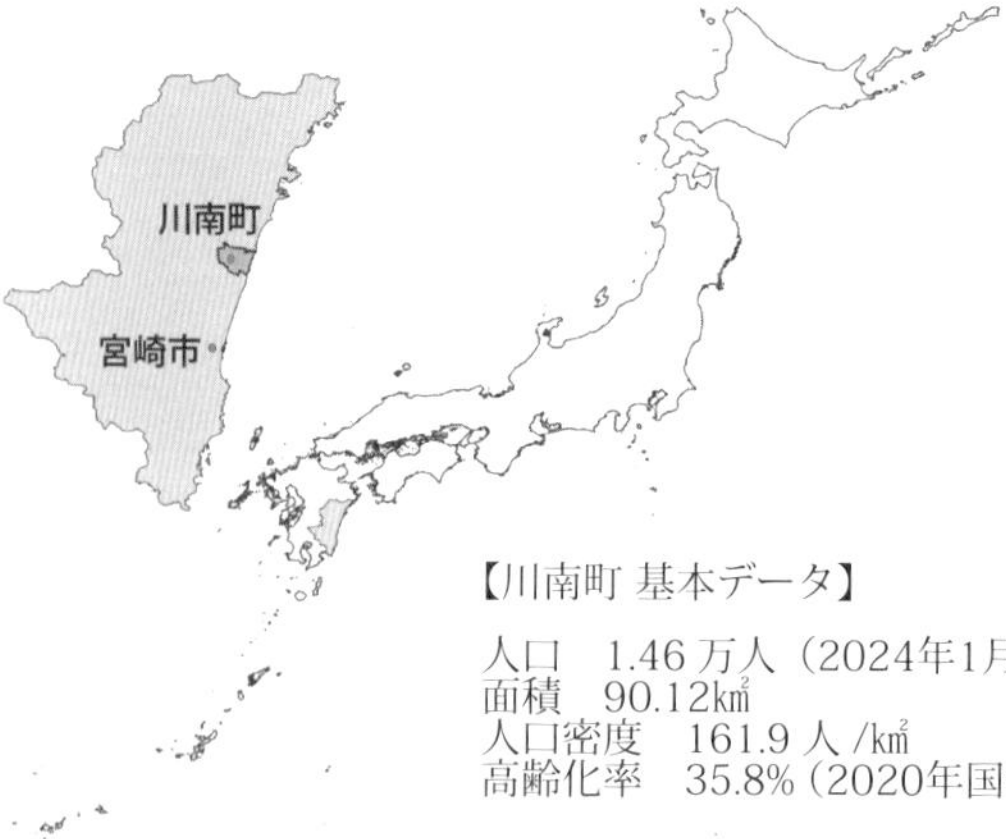

【川南町 基本データ】

人口　1.46 万人（2024年1月現在）
面積　90.12㎢
人口密度　161.9 人 /㎢
高齢化率　35.8%（2020年国勢調査）

3-2 日本一の軽トラ市　宮崎県川南町

宮崎県川南町は、東を日向灘に面した人口1万5000人程の町です。元は耕作に不向きな土地でしたが、「日本三大開拓地」と称される大規模開拓が実施された歴史があります。終戦後、緊急開拓の名のもとに軍用地が開放され、国外からの引揚者や復員軍人を受け入れたほか、県内からの集団入植もあり、1940年（昭和15年）に1万人だった人口が、1955年（昭和30年）には2万人に倍増しました。入植者の出身地は全国各地におよんだことから、「川南合衆国」と呼ばれ、移住者歓迎、開拓者精神は今も町民のアイデンティティとして共有されています。畜産業が盛んで、県として全国トップクラスの生産額を誇る宮崎県の中でも、一大生産地となっています。「トロントロン」の名称は町に湧き出る水の音が由来と言われています。

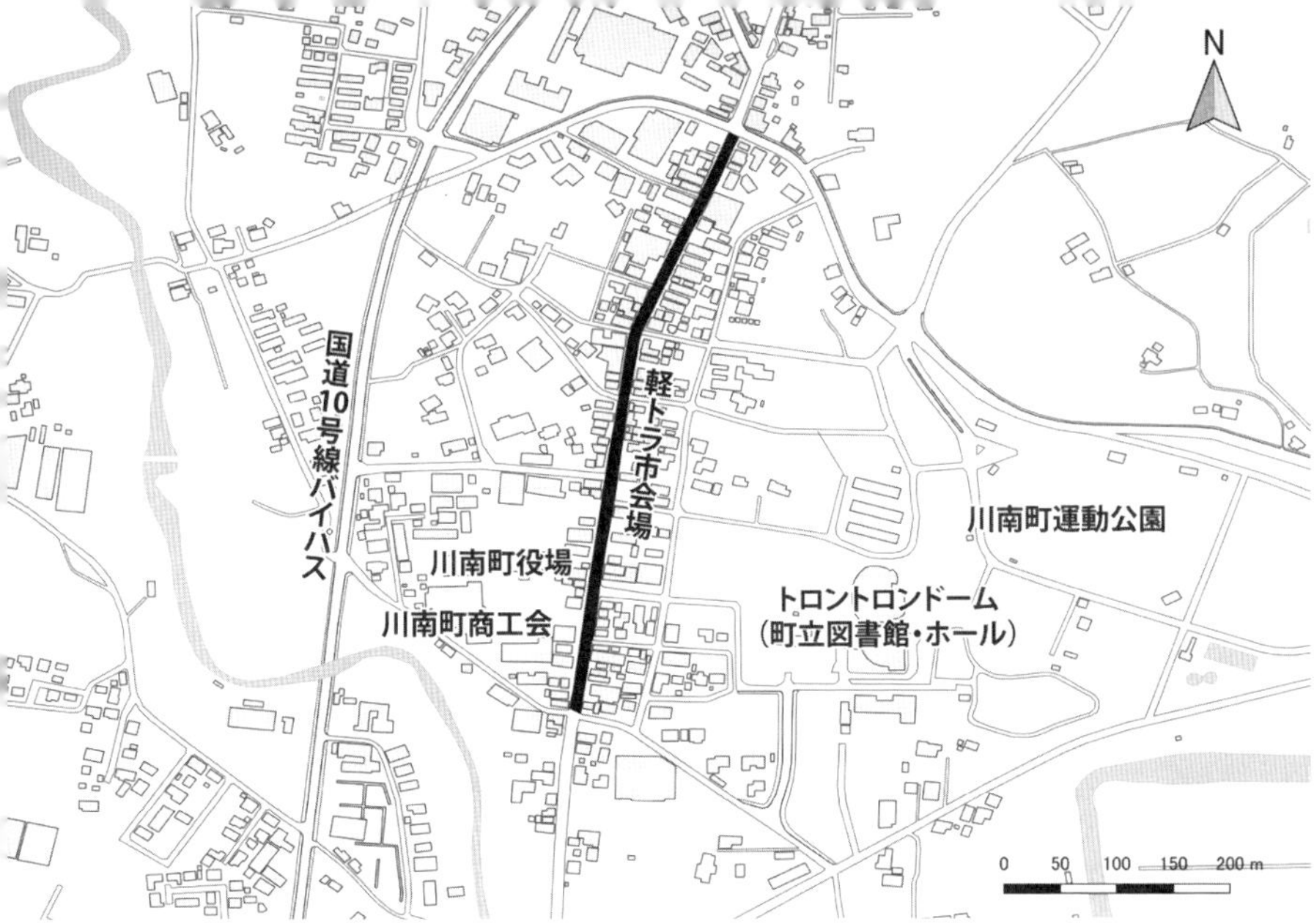

【川南町トロントロン軽トラ市事業委員会体制図】

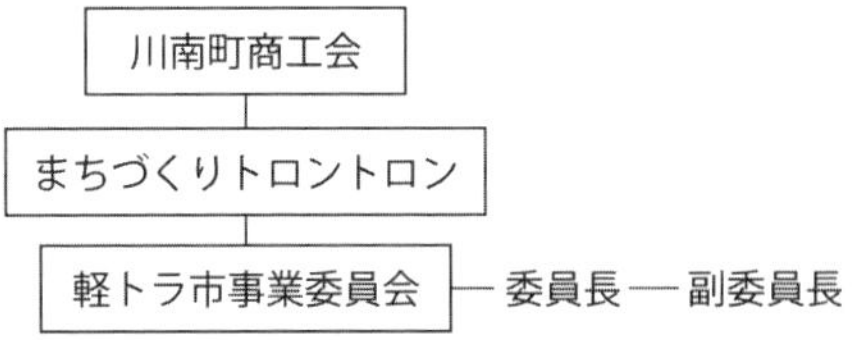

川南町商工会の内部に「まちづくりトロントロン」を組織し、その中の「軽トラ市事業委員会」が軽トラ市を実施している。まちづくりトロントロンでは、軽トラ市のほか、空き店舗対策など、中心市街地活性化事業全般を行っている。

川南町「定期朝市」トロントロン軽トラ市は、トロントロン商店街約６２０ｍを会場として、毎月第４日曜日、午前８時から11時45分に開催されます。出店台数は約１３０台と全国でも最大規模で、「日本一の軽トラ市」と称する所以です。元国道であった会場の町道幅は広く、出店車の両側配置も可能です。第１回軽トラ市の開催後に、会場である町道の舗装工事があり、その際、軽トラ市出店車を配置する目印となる鋲が埋め込まれた軽トラ市仕様の道路になっています。中心市街地の周辺に公共施設が集約されているため、来街者の駐車場は豊富に確保されています。

仕掛け人インタビュー

「定期朝市」トロントロン軽トラ市
TMOまちづくりトロントロン
代表　宮崎　吉敏氏

1953年川南町生まれ。2005年に商工会副会長に就任、「定期朝市」トロントロン軽トラ市事業委員として参画。2012年、第8代商工会会長に就任。自身が営む自動車販売店は、軽トラ市会場である商店街からは1kmほど離れた場所であるが、生まれ育った川南町の中心市街地活性化のために尽力している。

■軽トラ市に至る経緯を教えてください。

宮　崎：２００４年（平成16年）に川南町と川南町商工会、そして川南町トロントロン商店街が、中心市街地活性化法による事業実施団体として認定を受けたんです。そこで、3者が出資して第3セクターを作って、町有地を活用した店舗とアパートの複合施設の運営をしようという案が出たんです。ところがその当時、全国的に同様の事業は失敗していて、イメージ的によくなかったですね。川南町は４５００万の出資ということで町議会に議案を出したんですが、結果的には賛同が得られないということで、議会で否決っていうことになりました。ハード事業はそこで中止になって、ソフト事業に特化しようということで、商工会内にＴＭＯまちづくりトロントロンっていう内部組織ができたんです。

■軽トラ市という発想はどなたのものだったのでしょうか。

宮　崎：ＴＭＯまちづくりトロントロンは、中心市街地のにぎわい創出活性化事業を担う組織としてできたんですが、まず２００５年（平成17年）に準備委員会を立ち上げて活動内容を検討した結果、商店街の通りを活かした事業をやろうということになって、

軽トラ市事業委員長　市来原　進氏

1957年川南町生まれ。2006年にイベント企画委員会委員長に就任し、商店街の中で開催できるイベントを考える中で、軽トラを並べた朝市を発案。既に雫石町に先行事例があることを知り、川南町でも開催する。以降、軽トラ市事業委員会委員長として軽トラ市を盛り上げている。商店街で生鮮食品、酒類を扱う市来原商店を40年営み、軽トラ市には出店者としても参加する。

最初決まったのが定期朝市だったんですよ。植木市とか陶器市とかいろんな案が出るんですけど、毎月開催するっていうのはなかなか難しいということで議論が煮詰まっていました。そこで、市来原事業委員長の登場です。

市来原：僕は２００６年（平成18年）４月から商工会の役員になって、何も知らないのにいきなり委員長にさせられたんですよ。予算はある、なんか考えてくれってことで。委員長になって、なんかせないかんというのは決まっちょって、でも意見も何もない。それで、どんなことしよう、どんなことしよう、なんかないかなっていろいろ頭で考えてたときに、たまたまラジオ聞いてたら、おばちゃんたちが「軽」に品物載せて、港に来て、「私はこの軽で来て、その場で売って帰られるから楽だよ」っていう話をしていて。ああ、これ商店街でできたら面白いなあと思って。それで何か情報が出てくるかなと思って、インターネットに「軽トラ　朝市　港」とかって入れたんですかね、最初。そしたら、一番最初に雫石が出たんですよ。おお！もう商店街でしよっとこがある！ってびっくりしたんですよ。ほんとびっくりしました、あの時。同じ発想する人おるっちゃーって思って。おまけに1年間やってるって。おまけに結構盛り上がってるって。じゃあこれやろうってすぐプリントアウトしてみんなに見せて。みんなもある程度煮詰まっちょった時やから、結構すんなり受け入れられたですよ。

■「日本一の軽トラ市」という呼称はいつからでしょうか。

宮崎：２０１５年（平成27年）11月19日に、全国商工会大会がＮＨＫホールであった

日本一の軽トラ市
「日本一」の旗印を持った、トロントロン軽トラ市のマスコットキャラクター「軽トラ君」は、川南町のいたるところで見つけられる。

んですよ。その時、21世紀商工会グランプリっていうのを川南町が受賞しました。賞金100万円で。あれで間違いなく、日本一の軽トラ市っていうのをみんなに認めていただいたと思います。

市来原：こないだ全国放送でやったのでも、「日本一の軽トラ市」って言ってくれてましたね。全国放送であんげ言われてものすごいうれしかったです。ああ、もう認められたっちゃなあと思ったんですよ。

宮　崎：雫石の相澤さんと新城の森さんも、川南が日本一だから日本一って言ってもいいよって、冠付けてもいいよって。

市来原：雫石は元祖で、じゃあ森さんとこはなんですかね。やっぱり日本まんなか軽トラ市？

■雫石軽トラ市とは交流があるのでしょうか。

市来原：軽トラ市は当時、西日本のほうからどんどん広がってくる感じがあったんですけど、なんかのときに相澤さんに、そちらのほうを見て私たちもやらせていただきましたっていう挨拶をしたら、ものすごい喜んでくれて。それから交流があるって感じ。話す時もいつもニコニコで。お互いこういう性格ですから。良かったなあと思って。

■交流の中から全国軽トラ市という発想も出てきたのでしょうか。

地元名物の実演
宮崎の名物、地鶏の炭火焼は会場入り口に配置され、おいしそうな匂いで来街者を誘う。火や煙を使って五感にうったえる豪快な実演販売が可能なのも屋外ならでは。

市来原：呼ばれたんですよ、新城に。全国軽トラ市というのを計画したいから、話し合いに来てくれませんかっていうことで。最初僕1人で行ったんですよ、予算もかかるし。雫石からは7、8人来てたかなあ。新城もそれぐらいいるし。僕だけ1人なんですよ。そこで全国軽トラ市の案を聞いて、持ち帰ったんですけど、僕1人で聞いてきて、皆さんに全国軽トラ市をしようって言っても、盛り上がらんわけですよ。そういう状況を雫石、新城の人に言ったら、向こうが説得に来ますって言って。全国軽トラ市を組織として作り上げようって言ったときに、川南町が参加しないと意味がないからってことで、説得におみえになったんですよ。雫石と新城からそれぞれ7、8人、両方で十何人来たと思う。そんげいっぱい来られて、反対してた人もみんな慌てて。それでこちらもやろうかって、前向きに協力するようになったんです。すごいですね、向こうの人の行動力は。尊敬する頭のいかれた人達！　本当に尊敬する。

宮　崎：宮崎県はですね、県民としてよそに活動を広げていくというのは不得手な世界なんですよ。

市来原：ほんと思います。僕らほんと田舎もんだなと思います。

■「日本一の軽トラ市」の規模を支えているのは魅力的な出店者たちですよね。

市来原：トロントロン軽トラ市の最大の魅力はもう、この選りすぐりの出店者っていうことですね。だいたい半分がずっと初期から出ちょる人だと思いますけど、もう190回もやってるから、要するにいいお店が残ってる。昔の100台と今の100台は違う。

本部受付
出店者は会場に到着するとまずは本部に立ち寄り、受付を行う。多くの出店者は次回の参加申し込みを同時に済ませる。手間を省くことは可能だが、事務局と出店者が言葉を交わす機会としてあえて毎回対面で行っている。

ほんとエースっていうか、選りすぐり。

宮　崎：地鶏の炭火焼。それからちりめん。あれがサービスが良いんですよ。升に800円なんだけど山盛りにしてくれるんですよ。そこはずっといつも30、40人並んでる。

市来原：うちの隣もタコのから揚げと、ゆがき。1パック1000円ぐらいなんですけど、ずっと行列ができてます。

宮　崎：大分の国東半島からおみえになるんですよ。西都にお姉さんがいらっしゃるから、前の日に西都に泊まって、それで翌日軽トラ市におみえになるんですよ。西都に行くのが楽しいみたい。

市来原：軽トラ市はおまけみたいな感じなのかな。それでもすごい売れるから、5、6人でみえて、もうずーっとタコ揚げよる。

■朝の受付で出店者とコミュニケーションを取られていますね。

宮　崎：出店者の方々から、年間とか半年とかの契約になぜできないんですかって話があるんですよ。でも、ほんとに出店者さんには申し訳ないっちゃけど、出店者側とこちらの執行部とのコミュニティの場っていうのはあそこしかないんですよ。あそこで必ず全ての出店者と顔を合わせて、この前どうやった?売れた?とかいろいろ話ができるんですよ。

市来原：必ず本部に行くっちゅうのは手間がいるけど、みんなしてくれますね。まあ出

トロントロン夜市まつり
トロントロン商店会連絡協議会主催で昭和50年から続く、トロントロン商店街の夏の風物詩。軽トラ市と同じ区間を通行止めにして、道路上に屋台が並ぶ。

店者の方々がいろんなことでクレーム言ったら、井尻様（まちづくりトロントロンマネージャー）がイエローカードすぐ出しますので。

宮　崎：鬼の井尻がおるとですよ。はははは。

市来原：閻魔大王がおる。閻魔大王が。駄目！って。

宮　崎：まあ気をつけて、出店者のところにいかがですかって、挨拶には回りますけどね。

市来原：井尻さんも結構回りますよ。出店者のところに。僕は挨拶は回らないですよ。売れちょらんとこはこんげ睨まれるから。売れちょっとこはにこにこしよるけど。それでも毎回5000円ぐらいは買い物しますね。

宮　崎：僕なんか回るとね、2万ぐらい使うときもあるとです。買わないかんとですよ、やっぱり。目が合わないようにしとったらすぐ声掛けられますしね。会長！って。

■道路使用許可は苦労されましたか。

宮　崎：元々商店街で、夏休みの土曜に3週連続でトロントロン夜市まつりっていうのをやってるんですよ。軽トラ市と同じ場所をホコ天にして。これがもう48年続いてるんです。これがあったから、地域の理解は得られやすかったと思います。警察の方との話し合いは市来原くんが担当しました。

市来原：最初は難しかったです。以前は道路を活用したホコ天やるっていうことに対して、高鍋署って意外とオッケーやったっちゃけど、担当者も代わって、今は新たな許可は出さないって言われて。その時、たまたまネットでね、国土交通省だったかな、町内

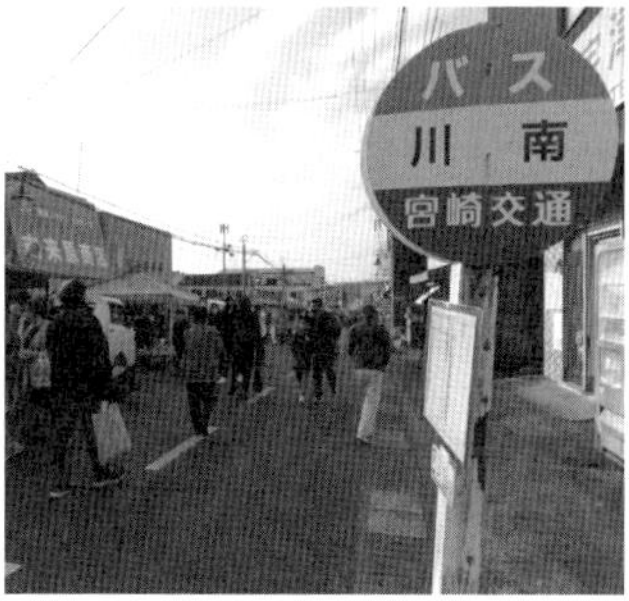

バス路線
中心市街地はバスの運行経路になっていることが多いため、地域住民と、バス運行会社双方の理解と協力が必要である。

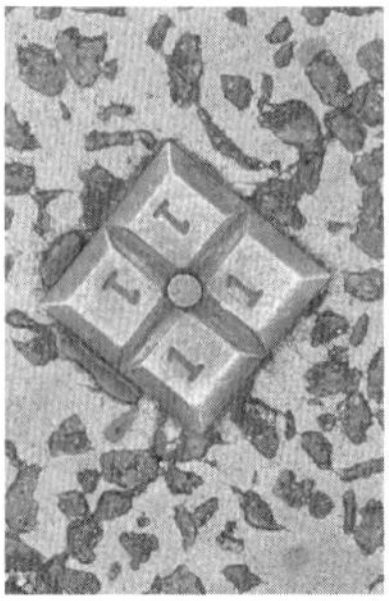

出店車番号の鋲
軽トラ市会場となる道路をアスファルト舗装する際、出店車番号を示す鋲が、センターライン上に7メートルごとに埋め込まれた。写真は11番の出店車の停車位置を示す鋲。

のイベントのためには、積極的に道路使用許可を出してもいいですよっちゅうような文書があったんですよ。それをコピーして、警察署に行って交渉したらオッケーが出て。地域の人の了解を得たらいいですよっちゅうことで。それで地域の集会に行って、今度この朝市します、通行止めになります、よろしくお願いしますっちゅうのを説明して。そしたらそれでオッケー。後で調べたらその国土交通省の文書はもうネットに残ってなくて。あの時、何であったのかな。

宮　崎：基本的にはですね、警察署のほうは、道路っていうのはそういったイベントのためにある施設じゃないから、駄目なんですよって。

市来原：じゃからあの文書があってよかったです。後でみんなに説明するときに調べてもなかったんですよ。その時たまたま出てきたんですね。実際コピーして警察署に持って行ってるから、あったんですよ。

宮　崎：基本的に行政はオッケーになって良かったと思うんです。あとバス停ですね。バスの通行。あれがなかなか駄目で。

市来原：第1回は通したんです、会場の中を。

宮　崎：第3回まで通したんだよ。青年部にお願いしたっちゃもん、3か月。青年部がハンドマイク持って、「すみませーん、今バスが通りますからー、危ないですからー。」って言って。大変やったですよ。10人ぐらい青年部が前、後ろ、横付いて。今みたいにお客さんそんなにおらんかったですけど。

市来原：あと問題があったのは、開催の日の朝、ポーンってあげるんですよ。なんですかね、花火？雷鳴。あれに苦情が来て、あれはやめました。ははは。うるさいって。

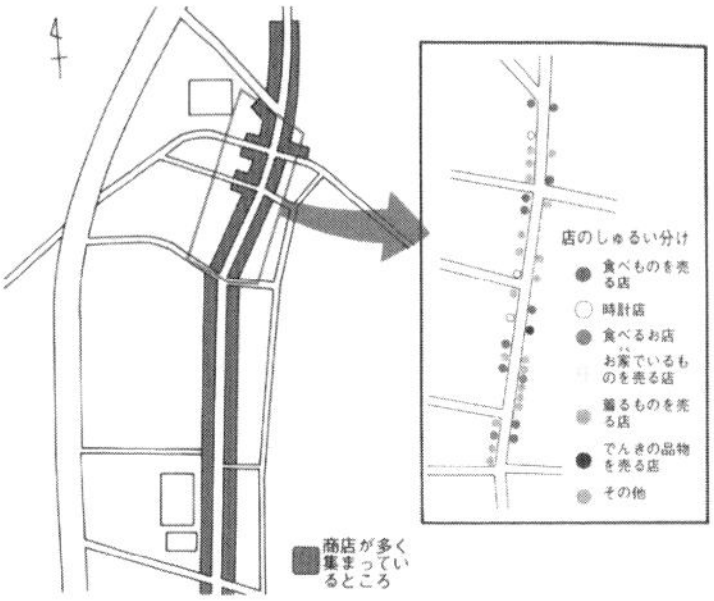

商店街の固定店舗
小学校社会科副読本「わたしたちの川南町」1992年版に掲載されているトロントロン商店街にある店舗。軽トラ市会場の一部にあたる左図の範囲には36店舗が数えられているが、30年後の現在は営業していない店も多い。

■やはり道路上で定期市をすることに理解と協力を得るというのはご苦労があったと思います。それでも商店街の中での開催にこだわった想いを教えてください。

市来原：私がここに店を出した40年前当時はものすごい賑やかだったですよ。

宮　崎：映画館もあったし。

市来原：衣料品店も2軒ぐらいあって、スーパーがあって。パチンコ屋も、薬局も2軒あって。すごく賑やかだったです。うちの商売も楽勝。はははは。

宮　崎：あの頃はみなさんが商店街に買い物に来るっていう流れがあったからですね。スーパーもちょうど商店街のまんなかにありましたので。一番のピークは、僕の記憶が間違ってなければ123店舗ぐらいあったと思うね。

市来原：今は60ちょっとかな。

宮　崎：64ぐらい。うちがなぜ、中心市街地活性化法によるTMOの認定を取ったかっていうのはですね、大店法が廃止されたのが2000年（平成12年）の6月1日なんですよ。規制がなくなって、どこにでも大型店が出店できるってことになって、2002年（平成14年）ごろから今現在ありますイオン宮崎店の話が上がってきたんですよ。イオンができたら、たちまちここは商圏に入りますので、もう商店街なんかつぶれるんじゃないかと。その時になんとか商店街も活性化させようと、TMOの認定を取得したんです。結果的には2005年（平成17年）5月19日にイオン宮崎店がオープンしたんです。もうこの商店街は土曜、日曜になるとほとんどお客いないんですよ。全部、宮崎のイオ

※　図書館とホールが一体となった複合公共施設。

出店車の両側配置
　道路幅が広い場合は、来街者動線を中央にとって、出店車を両側に配置することも可能。川南では固定店舗が多い中間部分は一列配置、来街者を会場へ誘引する両端部分は二列配置になっている。

ンとか大型店に行っちゃうんですね。

市来原：今まで予算もらっちゃいろいろやってたんですよ。トロントロンドーム（※）で全国市とかやってたんですけど、あそこでイベントやっても、会場から自分の店が遠い人たちには何の意味もないわけですよ。自分とこの店の売上げに繋がるわけでもないし。全く関心がないっちゅうか関わり合わない。だから僕は、この町の中でどうしても何かしたかったんです。この通りで。

■開催当初、商店街の皆さんはどんな反応でしたでしょうか。

市来原：最初やっぱりよそもんになんで売らすとかっちゅうもんが多少あったけど。

宮　崎：まあ、町内の方じゃなくて、町外から来られた方がなんで自分の店の前でっていうので受け入れられないところもあったね。

市来原：若干ね。でも思ったほどなかったです。

宮　崎：一応ですね、出店車番号の1番から10番とか、11番から20番とか、エリアを決めてですね、そのエリアの商店街の方々が各出店者が出店ルールを守ってるかとかを見ていただくようになってます。

市来原：商店街の役員の方も、軽トラ市の事業委員会の委員になってますから。

宮　崎：ただ、商店街のほうも何かイベントをやろうとしても、会費だけではなかなか厳しいんですよ。それで、商店街は2番街と3番街に分かれているんですが、それぞれに毎月1万円ずつ、年間12万円の活動費を支給することもしました。

固定店舗の出店
市来原氏は固定店舗の前に出店し、固定店舗と同時に切り盛りする。川南では出店者は特段の理由がない限り、毎回同じ場所に配置される。場所が固定されるので、長年出店する出店者同士は顔見知りになっている。

市来原：準備とか手伝ってくれるっちゅうので。でも今くれないですよ。

宮　崎：いやいや、コロナでちょっと開催ができなくなって、ごめん、赤字で。

市来原：ははは。今度はまたもらえねえか、ちっと。

宮　崎：コロナの最初の年は4回しか開催できてないんですよ。次の年は6回。商工会も職員かかえてますので、給料も払わなきゃいけないしって中で、まだ赤字の状態なんですよ。2番街、3番街の支援金のほかに、青年部と女性部にも5000円ずつ支援金を出してたんですが、申し訳ないけどそれも今中止してる。軌道に乗ればそこまた考えなくちゃならない。

市来原：よろしくお願いします。大事なとこだ。

■商店街の店舗で軽トラ市の出店者として出店しているところはありますか。

市来原：いや、うちだけですね。あとの人は自分とこのお店で売ってます。

宮　崎：商店街の皆様が軒先で出店っていうのは、通常3000円の出店料がいらないんですよ。

市来原：いらんいらん。いらないです。

宮　崎：電気屋さんが野菜売るとか、風船売るとか、それは全然かまわないですよ。女性の洋品関係売ってるところがあるんですよ。あそこは軽トラ市の時はオール2割引きっていうのをやってたりします。ただ、軒先にそのお店の方じゃない方が場所だけを借りて出すお店、それは出店料がいります。1500円。

固定店舗の軒先参加
軽トラ市開催に合わせて軒先に商品を並べる。店頭に立って接客する固定店舗従業員も軽トラ市を盛り上げるスタッフの一員である。

市来原：靴屋さんも店の前にこう、出して売りやるんですよ。結構安くいろいろ置いてるんですよ。
宮　崎：ほんとはね、商店街の賑わい創出、活性化っていうのが一番の目的なんですよ。だからそれぞれのお店が、軽トラ市に合わせて特売とかいろんなのをやってほしいんですけど、なかなかそこがちょっとね。だってねえ、あれだけお客さん来るとやからもったいないですよね。
市来原：ねえ。あふれるように来てるんだから。何売ろうと関係ないですよ。お客さん来るんじゃから、それをどうにかして取りこんだりとか、利用してもらいたい。うちも結構人気店のうちなんですよ。月1回だとある程度中心的な品物の入れ替わりがあるから、来る人はいつも目新しい感じがすると思う。前回うちは柿やったんですよね。渋抜きの柿。400kgぐらい売りました。軽トラで売ってたのないですかとか言って、日向とか高鍋からお客さん来られたりしますよ。魚なんかはちょっと安いのとかある時は固定店舗のほうに並べます。でもまあなんか第4日曜になると海がしけて魚取れないですね、あんまり。はははは。

■2010年4月の口蹄疫では川南町は大きな被害がありましたね。

市来原：石灰まいたり、いろいろ大変でしたよ。
宮　崎：4月から8月の5か月間、休催したんですよね。8月に終息宣言が発令されましたので、9月に再開することになったんですが、川南町にお客さんが来てくれるのか

口蹄疫終息後の再開
軽トラ市は、口蹄疫で大きな被害を受けた川南町に対する支援の輪が広がる場にもなった。

ちょっと心配だったんですよね。口蹄疫っていうのはマイナスのイメージじゃないですか。そしたら、みんなが口蹄疫で疲弊した川南を救わないかんと。

市来原：すごいお客さん来てくれた。

宮　崎：お客さんがすごいから、僕は本部席にいて、ずっと、どこどこに停めてるナンバーが何番の方、車を移動させてくださいとか、もうそれずっとやってました。

市来原：この写真、マグロの解体ショーやったときです。試食２０００人分が30分で終わったっちゅうやつ。

宮　崎：その後には、北浦町から商工関係の方ですけど、伊勢エビを持ってきて、伊勢エビ汁をふるまっていただいて。

市来原：豚汁もシルバー人材センターがふるまってくれたね。

宮　崎：豚汁もやったね。

■今や軽トラ市はトロントロン商店街の風景として日常化しているとも言えますが、今後の商店街の在り方はどうお考えですか。

市来原：昔の商店街をイメージしても無理ですよね。商店街の在り方が変わってくるんじゃないかな。でもその商店街の中にわくわくするものがなんかあれば。だから僕はいっつも思うんですけど、非日常的空間をいかに作るかがやっぱり大事なのかなと。

宮　崎：僕の自宅はここから１㎞離れたところなんですよね。小学校から帰ってきたら、おふくろに「母ちゃん、ちょっと町に遊びにいってくるわ」って自転車で遊びにきよっ

非日常の賑わい
軽トラ市開催日は、普段人通りの少ない商店街に人があふれる非日常の風景が現れる。

たです。その頃は商店街に来れば、子どもが楽しい世界があったんですよね。僕は今この商店街に子どもが集うとこが足りないと思う。

市来原：観光協会に場所あるんですから、駄菓子置いて、フリーWi-Fi置いて、ゲームさせればいいですね。今度言ってみよ。一応僕も役員やから。商店街でどっかすごい事例が出てくると面白いよね。なんかないかなっていつも僕も検索したりして調べたりするんですけど。

■アマゾンなどのイーコマースなども広がっていますが。

宮　崎：僕は市というのはなくならないと思うんですよ。高知城の下の市ももう400何年続いてるわけですよね。呼子の朝市とか、輪島とか。自分の持っている品物をしっかりと相手に伝えて、納得して買っていただく。それで買った人は喜ぶっていう。そういった人と人の関わりっていうのは市しかないと思うんですよね。大型店なんか全部自分で選んでレジに行って払って買うってわけですから。この市っていうのは商売の原点ですので、この人と人の掛け合い、やり取りが楽しいっていう、これは絶対なくならないと思うんですよね。

市来原：あっ！トロントロン商店街の実際の人物でアバター作りますか！アバターで月1回だけ人がわんわんおる商店街を作るんですよ。なんじゃこの商店街はって。面白いかもしれんね。

TMOまちづくりトロントロン
マネージャー　井尻　祐子氏

1975年静岡県牧之原市生まれ。元実業団のバレーボール選手。川南町から牧之原に研修に来ていたお茶農家のご主人と地元のバレーチームで出会い、川南町へ嫁ぐことに。ご主人の祖父母は鹿児島から川南町への移住者。宮崎会長に「鬼の井尻」と言われる体育会系だが、実際はきめ細かい気遣いで軽トラ市を支える商工会まちづくり担当職員。

番外編

＊移住されて川南町の印象はいかがでしたか。

牧之原と同じお茶畑があるので、風景は見慣れたものでしたが、言葉が何言ってるのかさっぱり分からないんですよ。うんうんって適当に返してたら、「あんた本当に分かっちょっと?」ってばれてる時もありました。でもみんなものすごい温かいです。優しいです。県外出身者もいっぱいいます。開拓地だからいろんな人が入ってくる風土、来てくださいっていうのがあるんですかね。人懐っこいんですよ、みんな。初めて会った人なのに、一通り話して帰るときにはもう友達みたいな。

＊軽トラ市には1年目は出店者として、2年目から商工会職員としての参加とお聞きしました。

子どもの着なくなった服とかをどうしようかねってお義母さんと言ってた時に、軽トラ市っていうなんか面白いのやってるよ、出店料５００円らしいよって話を聞いて。一番最初の年です。それでソファーとかも軽トラに積んで持っていったら、３０００円で売れたりして。フリーマーケットみたいな形で4、5回出店しました。

その後、仕事を探している時に、たまたまハローワークで商工会の仕事を見つけて、2名の枠に14名ぐらい応募があった中で採用していただきました。商工会でまちづくりのＴＭＯを持っているのは県内ではうちだけです。最初は本当に大変でした。まちづくり担当が私1人でしたから。商店街には何のお店があるか、軽トラ市にはどんな出店者がいるかを頭に叩き込んでいきました。力仕事も結構ありましたし。実業団バレーの根性で頑張りました。

＊現在の軽トラ市は様々な人が運営に関わっていますね。

今お手伝いをしてくださっている方は、全員ボランティアで来てくれてるんですよ。お弁当は出しますけど、日当はゼロ。皆さん6時半に来られて、何も言わないのにどんどん動いてくれるようになってきたんですよ。役場の方も、何年か前までは役場が人件費を払ってくれてたみたいなんですけど、ある時、町長が言ってくれたのかな。今は毎回3人ぐらい有志がボランティアで来てくれるんですよ。5月ぐらいには役場から年間の参加メンバー表が届きます。前副町長も抽選会にスタッフとして参加してくれたりしていました。そういうボランティア精神あふれる人たちがいるから成り立っているのかな。

＊宮崎会長は「鬼の井尻」などとおっしゃっていましたが、実際は出店者の方とのコミュニケーションを大切にされていますね。

なんか一時、私に逆らうと出店できなくなるらしいよっていう噂が広がったんですよ。全然そんなことないのに！出店者の方には、気持ちよく出店してもらえるように細心の注意を払っているつもりです。ちょっとお年を召した方はトイレが近い場所がいいかなと思って出店場所を配置したり。会場を回っていると結構呼び止められていろいろ言われるので、それを次回に反映させるようにしています。少々わがままを言う方がいても、聞ける範囲で聞くようにしています。どうにもならんことは、どうにもなりませんってはっきり言ってますけど。

長く出店してくださった方がやめられると寂しいですね。遠方からご夫婦で出店してくださっていた方が、高齢を理由に引退されるときには花束をお渡ししました。

＊これから何かチャレンジしたいことはありますか。

軽トラ市に関しては、とにかく継続が私の仕事かなと思っています。サステナブル、でしたっけ。ただ、長く続けていると固定概念にとらわれてしまうので、それはいかんと思っています。今まではこうだったとかじゃなくて、いつも新鮮な気持ちで皆さんの話を聞くというのは、一番心がけてることですね。市来原さんなんかは永遠の少年みたいな方なので、突拍子のないアイディアを言われたりするんですよ。でもそれがグッドなアイディアだったりして。そういうのもなるべく実現に近づけていけるようにと思いますね。

それから、実は私、町史に載りたいんです。町史に載れるような活躍をしたいなと。自分が生きた証として何か大きなことしたいですね。軽トラ市アジア大会を開催して、川南をアジアの拠点にしたら載れそうですね。また、川南に快く嫁がせてくれた両親に、川南で活躍していることをたくさん報告して、安心してもらいたいです。

年表　「定期朝市」トロントロン軽トラ市

江戸期から移住者による一部地域の開発が始まる

昭和 13 年　・川南原大規模国営開墾事業閣議決定
大規模開拓事業が開始されるが、太平洋戦争激化により中止

昭和 20 年代　・終戦による軍用地の開放
・緊急開拓の名のもとに、復員軍人や海外引揚者などが入植し、「日本三大開拓地」と称される大規模開拓が行われる
・全国の都道府県から入植者が集まり、「川南合衆国」と呼ばれる状況になる

Movement
移住者歓迎の気質、
開拓者精神のルーツ

昭和 28 年　・川南村から川南町になる

昭和 30 年　・昭和 15 年に 1 万人余りだった人口が 2 万人超になる

昭和 40 年代　・国道 10 号線がバイパス化され、商店街が国道から町道になる
・トロントロン夜市まつりが始まる
・公共施設を会場としたイベントの開催

Movement
道路を利用したイベント、
活性化事業の試み

平成 16 年　・第 3 セクターによる町有地を活用した複合施設建設事業案が町議会で否決

平成 17 年　・宮崎市内の大型店出店により商店街の買い物客減少が加速
・商工会の内部組織として TMO まちづくりトロントロンが組織され、朝市開催のための準備委員会が発足する

Movement
陶器市、植木市など様々な朝市
を検討中に、軽トラ市を発案

平成 18 年　第 1 回軽トラ市開催

平成 21 年　・軽トラ市会場の道路面が改修され、出店車の配置位置を示す鋲が埋め込まれる

平成 22 年　・家畜伝染病「口蹄疫」が発生し、川南町の畜産業が大きな被害を受ける

平成 27 年　・第 4 回 21 世紀商工会グランプリ「その他優良事業部門」でグランプリ受賞

平成 28 年　第 3 回全国軽トラ市 in かわみなみ開催

令和 6 年 1 月・第 209 回軽トラ市開催

愛知県新城市

日本どまんなか軽トラ市
しんしろ軽トラ市のんほいルロット

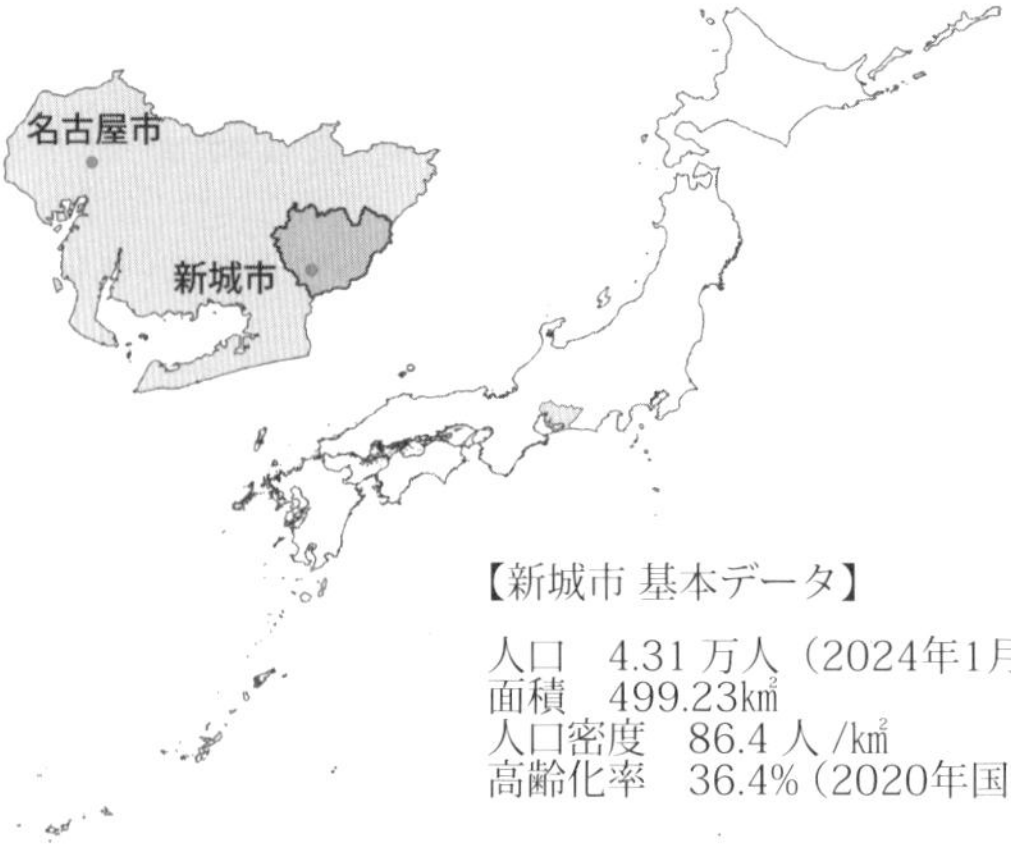

【新城市 基本データ】

人口　4.31 万人（2024年1月現在）
面積　499.23㎢
人口密度　86.4 人 /㎢
高齢化率　36.4%（2020年国勢調査）

3-3　日本どまんなか軽トラ市　愛知県新城市

愛知県新城市は、２００５年（平成17年）の鳳来町、作手村との合併により、県内２番目の広さを持つ、静岡県との県境の市です。名古屋市から車で約1時間、中核市の豊橋市からは約40分という距離にあります。豊かな自然と、国の重要無形民俗文化財に指定される「花祭り」をはじめとした多くの伝統芸能が残る奥三河地方の玄関口として、都市部と中山間地域を結んでいます。長篠・設楽原の戦いなど、戦国時代の歴史舞台でもあり、観光資源は豊富です。江戸時代には伊那街道の馬による陸運と、豊川の舟運の結節点として栄え、その賑わいは、荷を積みかえるために集まる中馬を、打ち寄せる浪にたとえた「山湊馬浪《さんそうばろう》」という言葉で形容されました。

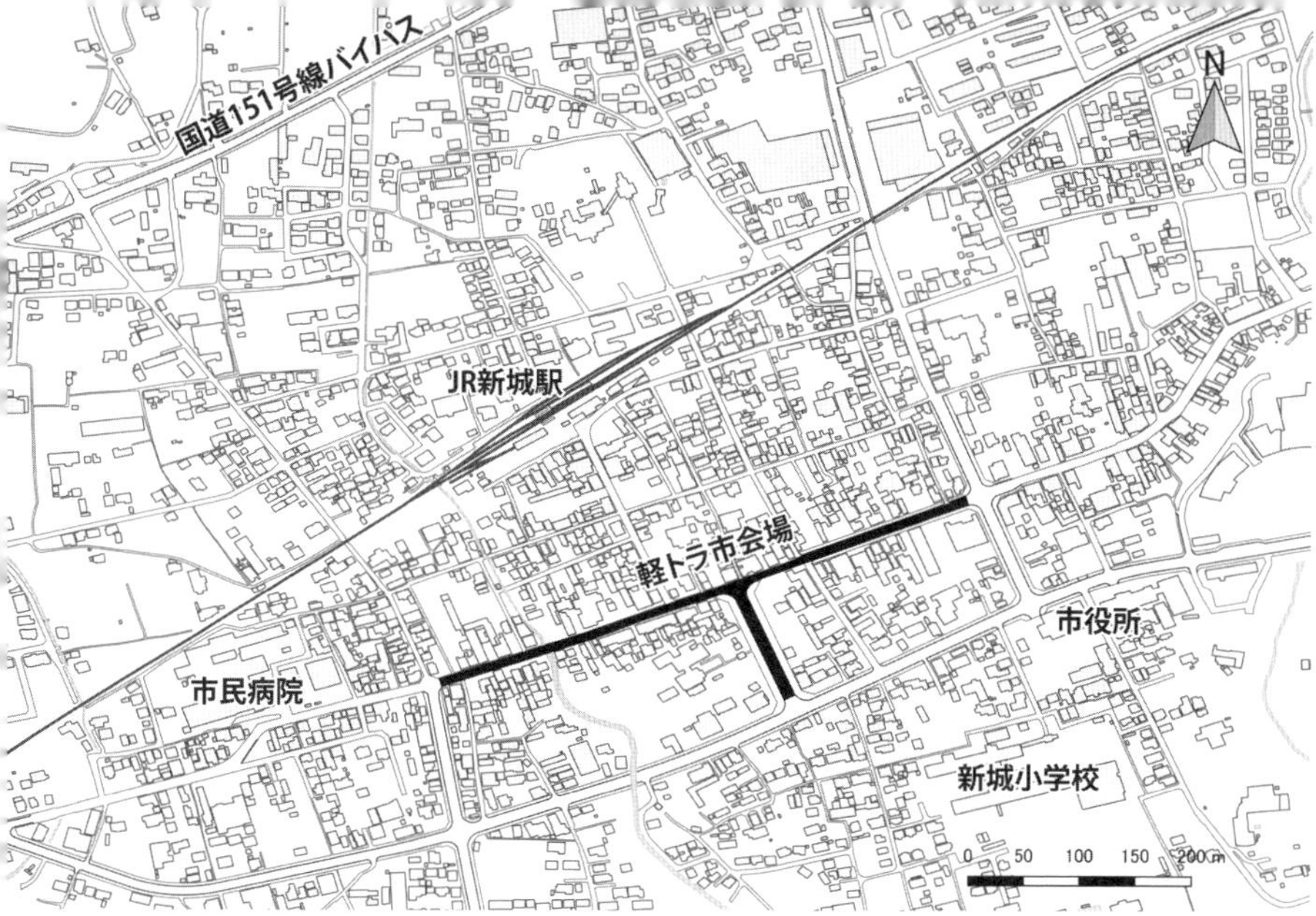

【しんしろ軽トラ市のんほいルロット体制図】

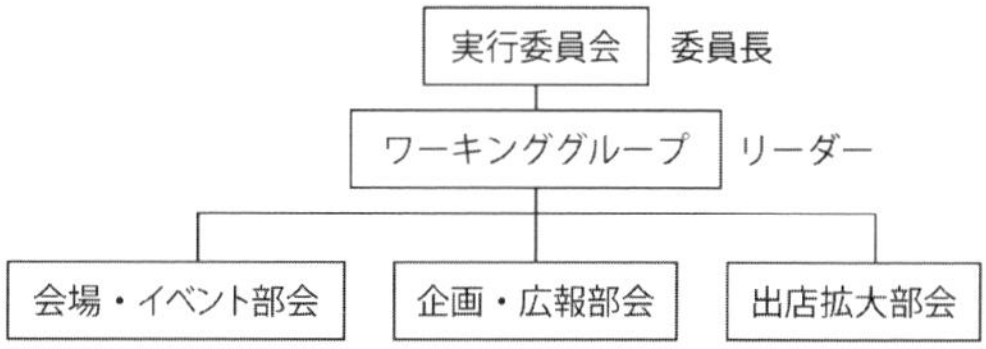

新城市と新城市商工会の共催。実行委員会は商工会会長、市役所建設部長などで構成し、新城市長が顧問に就任している。実行委員会のもとに商店主らによるワーキンググループを組織し、月1回の運営会議を開いて運営を行う。ワーキンググループリーダーが実行委員会に参加する。

しんしろ軽トラ市のんほいルロットは、中心市街地である中央通り商店街約５００ｍと、それに直交する亀姫通りを合わせたＴ字型の道路を会場として、毎月第４日曜日、午前9時から午後12時半まで開催しています。２０１０年（平成22年）に第1回が開催され、２０２３年（令和５年）12月現在の開催回数は１４６回です。コロナ禍前の出店台数は約70台、平均来街者数は２５００人です。新城駅から会場までは徒歩数分で、新城市役所や市民病院の駐車場が来街者用に提供されています。新東名高速道路新城インターチェンジから車で約10分であり、市外、県外からの出店者や来街者も多いです。

仕掛け人インタビュー

ワーキンググループリーダー
森　一洋氏

1957年生まれ。軽トラ市会場となる商店街で洋品店を営む。大学卒業後、修行のために全国チェーンのアパレル企業に就職するが、半年で父親の体調不良により帰郷。そのまま退職して家業を継ぐ。市民と行政が出資して設立した株式会社山湊の運営など、まちづくり活動に長く携わる。2010年にしんしろ軽トラ市のんほいルロットワーキンググループリーダーに就任。

■第1回のしんしろ軽トラ市開催は、雫石軽トラ市のスタートから5年後の２０１０年（平成22年）になりますが、軽トラ市の発想はどこで得られたのでしょうか。

軽トラ市に取り組む前に、「山湊」というまちづくり会社を作って活動していました。市民が１５０人、10万円ずつ出資して、行政もそれに合わせて１５００万円出資して、市民と行政が50％ずつの株の持ち分で運営する会社だったんです。それが非常に変わっておるということで、発足当時からすごい視察とかヒアリングがあったんですよ。それで、経産省かなんかの方がヒアリングに来た時に、軽トラ市の話を教えてくれて。ヒアリングの対応をしていた人から、「森さん、こういう情報がありました。」ということで連絡があって。ああ、それならお金もかからないし、できそうだからいいよね、というふうなことで。最初はそんなルートで情報が入ってきたんです。

■「山湊」の活動から「軽トラ市」に移行していったのは、やはり商店街を活性化したいという想いがあったのでしょうか。

「山湊」では、お酒造り、焼き物体験、合鴨農法など非常に面白い活動をたくさんやっていたんですが、10年ぐらいやっていると飽きられてくるということもあって。やっぱりまちなかをなんとかしたいっていう想いがありました。なんとかしないと中心市街地があっという間に寂れそうだということで。商店街のすぐ近くに大型店ができたのが1984年（昭和59年）かな。他にも郊外型の店舗が増えてきて、その頃から商店街には目に見えて人が少なくなっていきました。私が小学生とか中学生ぐらいの頃のこの辺の人の暮らしは、家からバスで新城駅まで来て、豊川や豊橋にお勤めに行くというもの。車を持ってる人はほとんどいない時代ですので。帰りは新城駅でまた降りて、バスに乗り換えるんだけど、その時に駅前商店街でお買い物を済ませて家に帰る。ターミナル駅に付随する商店街ということで一つの生活スタイルができていたんですが、車が増えてきて、バスを使う理由がなくなり、駅前で買い物をしなくても、通勤途中でどっか寄ったり、週末に他所のところに行けるようになりました。

商工会でも町を盛り上げるために年に1回、商工祭というのをやっていたんですが、その会場が商店街からだいぶ離れた市の公園だったんですね。そうすると、商店街の人はたこ焼き売ったり、うどん作ったりするために自分の店を閉めて行かなくてはならない。これはどう考えてもおかしいなということで、この商工祭の会場をまちなかに持ってこようと考えていた時でもありました。ただ、その当時はまだ軽トラ市っていう頭はなかったので、商店街を通行止めにして、商店街の中のいろんな駐車場をお願いして借りて、そこに屋台などを出店してもらっていました。道路の上はテーブルとか椅子を並べるぐらいで空いてたんです。テーブル付きテントを業者に発注していましたので、運営費の大部分がテント設営にかかっていました。それが軽トラ市を始める2年前の2008年（平成20年）ですかね。

２００９年商工祭チラシ

軽トラ市開催を構想するも、道路上での売買に対する警察署許可がおりず、軽トラを並べるだけの実験となった２００９年の商工祭。「しんしろ軽トラ市」実施に向けて現在準備を進めています、という文章がある。

■まちづくり活動の試行錯誤を経て、軽トラ市に行きついたという感じがしますが、まちなかで道路空間を利用することについての障害はいかがでしたか。

２００９年（平成21年）の商工祭では、既に軽トラ市の情報を得て、雫石や川南へ視察に行ってきた後ですので、実際に道路上の軽トラで物を売ってみるという模擬実験をする予定だったんですよ。ところが、警察から道路で物を売ることはいけませんということを言われてしまいましたので、とりあえず道路に軽トラは並べたけど、景品を配ったり、展示だけになりました。道路上で売買をやるということは前例がないし、許可するしない以前の問題というふうに言われて。言語道断だったらしい。道路の使用目的じゃないからそんなことはありえないし、申請してくること自体がおかしいって言われて。宮崎県とか、岩手県では出てますよって言ったんですけど、各県ごとに状況も違うし、道路は１つとして同じものはないので、あそこがいいからここもいいという話ではないということで。軽トラ市は定期市になりますので、毎月やるっていうのもネックだったみたい。愛知県はそうだったんですよ。それは本当にさて困ったものだということでした。

■２００９年11月の時点で許可が出ていないということは、道路使用許可の見通しが立たない中で、軽トラ市開催の準備は並行して走っていたということでしょうか。

走ってます、走ってます。２０１０年（平成22年）２月に第１回開催で走ってたんだ

山湊馬浪の賑わい
新城はかつて信州へ続く伊那街道の陸運と豊川の舟運の結節点として栄えた。荷を乗せた中馬が湊に集まる様子を浪にたとえた言葉が「山湊馬浪」である。出典：「参河国名所図絵（中巻）」昭和8年愛知県教育会発行復刻「愛知郷土資料叢書 第12集」昭和47年愛知県郷土資料刊行会より

橋向の道標
軽トラ市会場の西の端には、旧街道であることを示す道標が立つ。

けど、許可が出なかったので、「どうします?」「まだ許可出ない? うーん、じゃあしょうがない3月にずらせ」ってことになって。許可が出るまで1か月ずつずらすしかないよね、という頭でいました。警察へ一生懸命説明していたのは、商業者の利益だけで路上販売を許してくれと言っているものではないと。新城は川沿いの交易拠点として栄えた町で、川舟から馬の背に荷を積みかえる様子を打ちよせる浪にたとえて、「山湊馬浪」と形容されました。その馬を軽トラックの荷台に置きかえて構想しているものなので、道路の上で軽トラから直接商品を見て、買っていただくという行為が非常に大事ですと。「山湊馬浪」の復活が目的であって、経済行為で利益を得ること自体が目的ではないです、と延々と説明しました。新城署から県警本部にうまく説明できないというので、私たち仲間3人で県警にも出向いて行きました。それでもやはり許可は出ず。悶々としながら年を越すことになるんですが、年明けに新城警察署長が代わるというニュースが入ってきて。その後しばらくして、「おい、ついに許可が出たぞ」と。署長が代わった直後に許可が出ましたが、それが理由かどうかは分かりません。

■今では行政も含めて、様々な人が軽トラ市の運営に関わっていると思います。仲間づくりのプロセスについても教えてください。

「山湊」の活動は、今から思うとすごく役割が大きかったですね。仲間づくりについても、行政との繋がりという意味でも。10年ぐらいやってたので、取締役会だとか株主総会だとかの苦労もあって、その仲間が軽トラ市運営の中心メンバーになっています。

会場でのバンド演奏

会場では様々なイベント、パフォーマンスが行われている。運営スタッフでもあるバンドメンバーは、仕事の合間に演奏、演奏の合間に仕事と、楽しみながら月に1回の軽トラ市に参加している。

軽トラ市は、最初は商工会の中の特別プロジェクトチームみたいな形で企画を始めました。新城駅周辺のまちづくり研究会というものがあって、その活動期間と軽トラ市の準備が並行していたので、研究会で一緒になった方にも自然に仲間に入ってきていただきました。

入り口がバンドっていう人も結構いるんです。バンドは最初は軽トラ市と関係なく、僕と友人の2人でやっていたんですが、学生時代の友人にギタリストがいて、「うちのバンドでギター弾きに来てよ」って言ったら、「やりたいんで行きます」って言って3人になって。女性ヴォーカルの人は、今は商工会にいますけど、前は僕がよく行く飲み屋さんで週1回アルバイトに来てたんですよ。歌がうまいから、「うちのバンドで歌いに来ればいいじゃん」って言って呼んで、4人になって。最初はバンドの為に来るんですけど、バンドは土曜日にやるので、自然と明日の軽トラ市がどうこうっていう話になるじゃないですか。それで軽トラ市会場でライブイベントをやるようになって、そのうちに「出番まで暇だよね、ちょっとあそこ立ってくれん?」「いいですよ」とか言って。で、軽トラ市に来たら「これベスト」とか言って軽トラ市のベスト着せて。そうするとなんとなくその気になって。あんまり面と向かってスタッフになってくれって言うと重々しいんで、あんまりそうやって言わない。自然に来て、自然にベスト着るようになって。なんかそうやって仲間意識というか、みんなやってるからいいですよみたいなところ。コスチュームの力というか、ベストにも不思議な力があって。うちは本業が洋服店ですが、洋服が持つ力は大きいと思いますよ。ベストを着ていると、お客さんとか出店者さんからは同じスタッフとして見られますから、だんだん自覚ができてくるんですよね。

入退場者数カウント
通行止め区間に直交する脇道にも受付を配置して入退場者数のカウントをしている。コロナ禍では愛知大学もカウントと会場密度のリアルタイム推計に協力した。

ベストを着たらこっちのもん。

■スタッフの属性や関わり方にも多様性があり、チームワークで運営されているというのが長く続いている秘訣のように思います。

誰かの負担を軽くした分、誰かが頑張ってくれていたりとか、たぶんどっかにしわ寄せはいっていると思うんですよ。でもそういうのは、お互いに見て、頑張っている人がいるというのを理解し合っているという関係があるので。それが嫌味を言い合うようになっちゃうと、組織が駄目になっちゃう。長く続くっていうのはそういうところがないとね。

多様な関わり方という点で言うと、例えば出入口での入退場者数のカウントは、1人2000円お支払いして、神社の祭礼を運営しているグループの方たちに来ていただいています。そのグループは年に1回お祭りの時しか集まらないので、仲間意識がうすくなるっていう問題点を持っていて、財政的にも、会費を表立って集めるっていうことは仰々しいだろうという話になっていました。そういう時に、安定的な収入源になるし、顔を合わせる機会が増えて組織の繋がりの強化にもなるからっていうことで、神社のある町内に住む軽トラ市スタッフの1人が上手に話をもっていってくれて。じゃあやりましょうということになって、手伝いに来てくれています。神社のグループはメンバーが大勢いるので、年に1、2回ぐらいしか当番が回ってこないので、そんなに負担にならない。時給にしたらほんと安いんで、自分の小遣い稼ぎだったらばかばかしいからやら

のんすけ
山湊馬浪の時代の馬の生まれ変わりで、山からひょっこり出てきたというのんすけ。２０２３年３月の軽トラ市で14歳の誕生日を迎えた。新城市の観光大使に任命されている。小学校の入学式、運動会のほか、結婚式にギャラ付きで呼ばれたこともある。ランドセルカバーに採用されたこともあり、今では市内の小学生にとっては生まれた時から馴染みのあるキャラクターとなっている。

ないですよね。でも自分たちの組織の収入源のためにということになれば、気持ちよくやっていただけてるという。よくできている図式です。

■しんしろ軽トラ市の運営スタッフの中で、のんすけの活躍も重要ですよね。

雫石も川南も、軽トラ市が親しみやすくなるようにいろいろ工夫をされていたので、うちもなんか考えなくちゃいけないねっていうことで。まず補助金を使ってコンサルタントの方を呼んで、夜、いろんな人に集まってもらって、延々と議論しました。「ルロット」という名前は、コンサルタントの方が準備してこられたもので、タヒチの屋台村のことだそうです。それだけじゃなくてなんか付けましょうって言われて、いろんな案が出て、じゃあ「のんほい」（※）を付けて「のんほいルロット」がいいんじゃないっていうことで決めました。その時に、ロゴマークとキャラクターもデザイナーの方に作っていただいたんです。キャラクターデザインは2案出してもらって、市民の投票で決めました。その後に名前も公募して、「のんすけ」というのが出て決まりました。

のんすけはやっぱり見た目に愛嬌がありますし、小さい子どもさんたちは、のんすけくんに会いに行くという大きな目的があって軽トラ市に来てくれています。数か月前にのんすけくんがいないと言って泣いてる子がいて、至急連絡して出ていったら大喜びだったこともあります。

■のんすけの発信力もあって、しんしろ軽トラ市をモデルとした、軽トラ市開催の輪が

※　新城市のある愛知県の東三河地方の方言で、「おい」「ねえ」などの呼びかけの意味。

近隣軽トラ市の繋がり

新城市から40㎞の静岡県磐田市で開催されている「みんなで軽トラ市 いわた☆駅前楽市」の会場の様子。2011年から新城の軽トラ市を視察して、2011年から開催している。

周辺地域に広がっていますよね。周辺地域で開催されている軽トラ市との連携についてどのようにお考えですか。

近いエリアで開催されている軽トラ市のキーマン同士は身近な繋がりがあったりするので、連携はしやすいです。このエリアの軽トラ市が集まって、ブロック大会みたいなこともできるんじゃないでしょうか。出店者さんがあっち行ったり、こっち行ったりしているので、出店者の補完をしあったりということもしています。頑張ってもらいたいとも思うし、既に皆さん大成功してやられているので、ライバルとして、負けないように私たちも頑張っていかなくちゃということも自然に思います。

愛知大学でオンライン開催してくれている、三遠南信軽トラ市ネットワーク会議っていうのもすごい重要な役割があると思います。コロナ禍で延期になってしまっていた篠ノ井の全国軽トラ市は、あの会議の中でやりましょうよという声掛けができたので開催が決まったようなもの。あの場がなかったら開催できていたかどうか分からないと思います。

■全国大会の開催は横の繋がりを維持していく場として重要だと思います。そもそもどのような経緯で始まったのでしょうか。

最初は相澤さんが全国大会やりたいって話をされて。新城に泊まりで来て、1回目は雫石でやる。2回目は新城でやってもらいたい。3回目は川南で考えてますって。私は

第2回全国軽トラ市サミット
新城市で開催された第2回全国軽トラ市では、全国から20団体が参加し、出店は104台、来街者は1万5000人の盛況だった。

聞いた時にはシンプルに面白いなと思ったのと、ワンランクステージが上がるっていうか、通常の軽トラ市開催には少し慣れてきて、次の段階にっていうことも頭にあったので、ちょうどいい機会だと思いました。新城としては二つ返事でやりましょうということになって。まあでもその時はあんなに大事になるとは思っていなかったですが。もうちょっと簡単に思ってたんですけど。

新城は周りの人口が川南や雫石とは全然違いますので、人が集まりすぎちゃうっていうのは心配しました。渋滞しないように駐車場は少し離れたところに用意して、バスでピストンするという、ちょっと大がかりなこともやりました。テレビ放送で宣伝と同時に車では来ないでくださいっていうことを言ったり。おかげで大渋滞はなんとか避けられましたけど、その代わり飯田線がパンク状態。新城駅からどんどん人が降りてくる様子を見て、近所のお年寄りは、「昔はこうだったよね」って言ってましたよ。

全国大会は、各地の軽トラ市運営者の皆さんがスケジュールとか金銭的にも大変な中で駆けつけてくるので、ただ集まって、宴会やってっていうんじゃ意味がないと思っていました。やっぱりなんか持ち帰ってもらおうということで、講師を頼んで分科会っていうのをやりました。食事もJAの婦人部の方が来てくれて、美味しいものを地元の食材で用意してくれて。非常にお手頃で満足できるものができたと思っています。でも、私が考えた一番のヒットは、参加団体ごとに1人ずつ、二次会案内人を付けたことです。夜の店に詳しい人が7、8人いたので。私、一番頑張ったのはそれです。

全国大会はやっぱり大きな励みになるというか、地域での位置づけも上がるんですよね。遠くから人を呼ぶ力があるんだっていうふうに見られますので。大変ではあります

のんほい軽トラらんど
２０２０年５月、６月に新城市役所駐車場を利用して開催。それぞれ出店台数は13台、19台とし、来場者動線を一方通行にするなど、様々な感染防止対策を講じての開催となった。

※　第2章参照。

が、組織も強くなったり、協力者が増えたりっていう、効果がすごいたくさんある。

■軽トラ市運営者同士の繋がりは、コロナ禍でも力になったのではないでしょうか。

コロナ禍で全国のイベント開催が中止になった当時、雫石の相澤さんたちと、「やってます？」「どうしますか？」っていうことで情報交換していました。軽トラ市をやる、やらないっていう議論が全国的にあったので、じゃあ共同で意見みたいなのを出しましょうということになって。軽団連（※）としては、こことここのポイントを抑えて、こういうふうに感染対策をした上で、開催を推奨しますということを公表しました。

新城では、通常規模の軽トラ市開催がまだ難しい時に、市役所の駐車場を会場にした小規模軽トラ市を「のんほい軽トラらんど」として開催したりもしました。目的は二つで、軽トラ市を途絶えさせたくないというのが一つ。もう一つはやっぱり地元の飲食店さん、出店者さんの応援のつもりでやりました。軽トラ市はいつでも機会がくれば再開できますよ、ファイティングポーズを取ってますよということを伝えたい、軽トラ市を頼りにしてもらいたいと思って。あの時、軽トラ市は5台、10台でもできるという、いろんなオペレーションが経験できたのは良かった。当時の市役所の課長さんが、非常に驚異的なスピードで駐車場使用の許可を取ってくれて驚きましたけど、コロナになってから協力者が増えたということもありますね。スタッフが倍ぐらいいるようになったので、もう1回各自のネットワークで人を集めてくれっていうことをお願いしました。やっぱり本当に困っているから助けてくれと言えば、助けてくれる人はいるなって思いました。

固定店舗の軒先参加
商店街の各店舗も軒先でワゴンセールや子ども向けゲームを実施するなど、様々な形で軽トラ市に参加している。２０００人の来場者に対して何を仕掛けるか、各店舗それぞれの工夫がみられる。

■森さんは「山湊」から軽トラ市に至るまで、長く地域活動に関わっておられます。地域でご商売をされる小売店にとって、やはりそれは重要なことでしょうか。

商店街は大型店ができて、自動的にお客さんを全部とられたわけではないと思っています。大型店ができ始めた当時、やっぱり商店街の人はあぐらをかいていたと思うんです。例えば私が商店街の他の店に行くと、まず店頭に人がいない。呼ぶと奥から面倒くさいような顔して出て来て、これしかないみたいなことを言われて。お客さまに買っていただくという精神がないお店が本当に多かったんです。売ってあげるみたいな。もちろん物がない時代は、うちもそうでしたけど、店に商品を並べれば売れました。その時代を経てきた方がやっておられる店が非常に多かった。片や、大型店はお客様第一ということで、丁寧にいろんなことしてくれる。だったら嫌な思いして地元で買うよりは、大型店で買おうということになっちゃう。そういう商業文化が新城に入ってきて、お客さんの求めるものが変わったことに対応できなかったということが、商店街衰退の要因として大きいと思う。

田舎で商売をやっていると、商売だけでは生きられない。地域社会と密着して、そういう姿勢も世間に見せておかないと、あそこ儲けるばっかだとかいうことで、地域で嫌われるというか、お客さん来ないので。今は「軽トラ市で一生懸命やっている人のお店」というふうに思っていただけているのでありがたい。純粋に仕事だけということでは地域社会で生きていけないですよね。

軽トラ市で集まる家族
軽トラ市の日は、別の地域で暮らす家族が戻ってきて店を手伝う様子もみられる。

そもそも地域が息絶えては自分の店も生きていけない。地域にちゃんと元気があって、お店がなんとか成り立っているという、これはまあ当たり前のことですので。地元のお客さまを相手にする以上は、地元のことは一生懸命やらなくちゃいけない。父親もそうでしたね。私自身も軽トラ市自体に嫌なイメージはなくて。まあ寒いとか、大変だと思うぐらいで。やっぱり自分の店の前が賑わって、人がたくさん通って、まちなかが賑やかになるというのは非常にうれしいことだと思うので。出店者の方も片道1時間かけて、朝早くから来ていただいて。本当にたかが3時間の商売ですから、ビジネス的にはどうなんだろうと思うんですけども、やっぱり人と人のコミュニケーションがあることで喜んで来られてるし。軽トラ市はそういう人が集まって成り立っているからいい感じになっているんだろうと思うんです。

■現在は軽トラ市に合わせて商店街の各店が店先にいろいろ並べていますね。中心市街地の活性化という目的に対しての効果がみられますが、初期の頃はいかがでしたか。

第1回を開催してから最初の半年ぐらいは、本当に限られた店しか軽トラ市に合わせて何かするということはなかったです。うちの店も何も出してなかったです。軽トラ市は別物だと思っていて。忙しいのもあったので、まあいいかと思っていましたけど、1年過ぎたあたりから、やっぱりすごい人が毎月来るので、ちょっと商品を前に出してみようかと。ちょっと出すと反応がすぐに出て。さすがに売上げの貢献も高くなってきたので、これはちゃんとやったほうがいいなと思いました。まあ、商売やっている人は、

取材、視察対応
メディアの取材も積極的に受け入れるなど、新城から軽トラ市を発信、普及させていきたいという想いが強い。

店の前に人がいっぱい来たら、自然に物を出すと思います。それでやっぱり出しただけじゃ売れないので、外へ立つ。立ってるだけじゃ売れないので、声を掛けながらというふうに徐々に。3年目ぐらいでほとんど全店が何か出すようになったという感じです。特にお豆腐屋さんとか、肉屋さんとか、軽トラ市の日にしか出さない特別メニューみたいなものが結構あって、かなり人気があります。そういうのを見ると、ああ、やっぱりそこまでやればすごい売上げになっていくんだなっていうことも分かりました。

■これから軽トラ市を始めてみたいという方がたくさんおられると思います。視察に来られる方へはどんなことを伝えられていますか。

これからやられることが既に決まっているのか、あるいは現時点では未定で、将来の選択肢として見に来られたのかというのをまず聞くんですよ。これからやられるというところには一番力を入れるというか、こういうふうにすると続きますよっていう本当の運営マニュアルの真髄的なところを中心にお話をします。いろんな商業視察の中の一環で来ましたっていうところに関しては、まずは楽しさですとか、商店街に与える影響ですとか、概略的なお話を中心にします。軽トラ市を開催するところが増えれば増えるほど軽トラ市が有名になっていって、新城から聞いてやりましたっていうことになれば、新城のためにもなりますので、やっぱり開催するところは一か所でも増えて頑張ってやってほしいです。視察後に開催したっていうご報告を聞くと非常にうれしいと思います。

やりかけて分からなくなったらまたいつでも来てくださいっていう話をしておりますので、複数回視察に来られるところもあります。１回来て、まだできないからもうちょっと話を聞いてちゃんとやりたいとか、１回来てやってみたけどなんかパッとしないということで相談に来られるとか。中断しちゃったけどもう1回始めたいって来られるところもありましたね。やっぱり先駆者というか、スイッチ入れる人が絶対いりますので、誰かが勇気をもって、開催に向けて舵を切っていただくということが必要だと思います。１人でも２人でもいいから誰かがそれになって、後はやってみて、駄目ならやめて次のこと考えりゃいいよね。うちも最初から10年やろうと思ってたら、とても怖くて始められなかったと思います。最初はただ立ち寄って、新城に遊びに来てくれればいい。それで興味を持っていただいたら、1000円ですが、有料の視察に申し込んでいただければ、資料も奥義もお渡ししますので。まあ、気楽にやってもらうのがいいんじゃないですかね。できるだけ楽しんでやるっていうのが一番。楽しいところにやっぱり人が寄ってくるっていうのがありますから。嫌々やってるところは人がなかなか寄りつかないと思うので。

年表　しんしろ軽トラ市のんほいルロット

伊那街道の陸運と豊川の舟運の結節点として「山湊馬浪」の賑わい

昭和 30 年代　・路線バスから新城駅で電車に乗り換え、豊橋市、豊川市へ向かう通勤、通学者が行き帰りに立ち寄る場として駅前商店街が賑わう
・新城市商工会設立

昭和 50 年代　・バイパスの開通と大型店の出店により、商店街の人通りが少なくなる

昭和 60 年　・新城市人口ピーク

平成 8 年　・駅周辺地権者らによる「新城駅周辺まちづくり協議会」発足

Movement
中心市街地活性化の動き

平成 9 年　株式会社山湊 設立

Movement
ユニークな取組みで全国的に注目される
仲間づくりや行政との繋がりの基盤になる

平成 17 年　・鳳来町、作手村の合併により、県内 2 位の面積の市域になる

平成 20 年　・新城市中心市街地活性化基本計画策定

平成 21 年　・軽トラ市の情報を知り、雫石、川南へ視察
・商工祭を中心市街地で実施し、道路上に軽トラを並べる実験

平成 22 年　第 1 回軽トラ市開催

平成 24 年　・雫石、川南、新城の軽トラ市スタッフが新城に集まり、全国軽トラ市構想について議論

平成 27 年　第 2 回全国軽トラ市 in しんしろ開催

令和 2 年　・コロナ禍による通常開催の停止期間中、規模縮小型の軽トラ市「のんほい軽トラらんど」開催

Movement
苦境の中のチャレンジで
新しい仲間、ノウハウの獲得

令和 6 年 1 月・第 147 回軽トラ市開催

第4章
軽トラ市で繋がる人々

軽トラ市で繋がる人々として、軽トラ市への出店者、軽トラ市のお客さんである来街者、軽トラ市が開催される商店街の方々について、これまでに行ってきた新城軽トラ市での調査結果を用いて紹介します。そして、軽トラ市が直面してきたコロナ禍での戦いも、ぜひ知っていただきたいと思います。

4−1　軽トラ市の出店者

①出店店舗のバリエーション

出店店舗のバリエーションを、三大軽トラ市などで撮った店舗写真から見てみましょう（図1）。破線内が食に関する店舗で、どの軽トラ市でも出店台数が多いです。基本中の基本が、軽トラに野菜や果物を積んで売るタイプで、詰め放題も多く、これぞ軽トラ市というものです（口絵参照）。海沿いの地域であれば、地場の魚を売る店舗、特産の食品や調理品の店舗です。かなりおしゃれな店舗もありますね。その他、アクセサリーや衣服類も定番的な店舗です。近年は美容やエステのお店も増えてきました。定番といえば、郵便局などの公共的な出店もあります。教育の機会として、中学校、高校、大学の活動もあります。下段左の写真は農業高校の試作品販売で、先生も生徒も力が入ります。我々大学の活動もそうですが、商業やまちづくりにこれほどの教育機会はないのではないでしょうか。ですから、各軽トラ市にその地域の教育機関が連携して、それが軽トラ市と同様に全国ネットワークを持てば、若い人たちの地域への関心が高まるに違いありません。そういえば古書店（口絵参照）も見かけるようになりました。軽トラ市は、まさに地域人材育成のプラットホームなのです。

続いて、より特徴的な店舗です（図2）。軽トラックを売る店舗は、雫石軽トラ市の相澤さんのお話に出てきますが、中古軽自動車が確かに売れるのです。この写真を撮った日も1台売れていました。最初の出店は、軽トラ市だから軽トラを売るのだという思い違いから始まっていますが、実に現在まで続いているわけです。中古車のみならず、

野菜 果物（川南）

ジュース（川南）

美容・エステ（新城）

魚（新城）

調理品（新城）

靴屋（新城）

高校生による試作品販売（磐田）

郵便局（新城）

アクセサリー（新城）

図1 出店店舗のバリエーション（1） **（　）内は軽トラ市名**

軽トラも売る（雫石）

氷のうと氷（磐田）

薪ストーブ（新城）

漁師コラボ（磐田）

クラフトビール（磐田）

畳⇒刃物研ぎ（篠ノ井）

昔の店舗の前で（磐田）

震災を越えて（雫石）

ついの住処（掛川）

図 2 出店店舗のバリエーション（2） **（　）内は軽トラ市名**

自動車販売店の出店も、結構見かけるようになりました。なにげなくディーラーに入ってしまうことはあまりありませんが、軽トラ市は敷居が低いですね。夏には氷屋さんが氷と氷のうを一緒に売っています。薪ストーブの店舗もありますが、夏に来るお客さんこそが購入に至るそうです。違った地域の漁師さんたちのコラボや、創作的なデザインの軽トラとクラフトビールの組み合わせも引きつけられます。畳屋さんがお店を出していますが、畳を切るための包丁を研ぐところから刃物研ぎを始めて、これが人気です。いろんな刃物を持ってお客さんが来ますが、軽トラ市を見ている間に研がれます。やがて畳の販売にも結びつきますね。別の軽トラ市では大工さんがやはり刃物研ぎをやっていました。

かつて商店街でやっていたお寿司屋さんが、商店街の外に移転して新店舗を設けますが、以前の店舗の前に出店です。昔からのお客さんが来られるとのことで心温まります。雫石軽トラ市の寅丸水産については、東日本大震災を越えてということですが、詳しくは雫石軽トラ市の相澤さんのインタビューをご覧ください。下段右は、葬儀社の店舗です。まさに、人生を考える機会ですよね。

紙面の都合でここまでにしますが、軽トラ市が多様な店舗を持った可動商店街であることがお分かりいただけたでしょうか。そして、店舗ごとに物語があって、その物語がお客さんを引きつけているのです。

②出店店舗の特性

○出店の継続性と地域分布

ここからは、新城軽トラ市についてです。新城軽トラ市の開始は２０１０年３月で、２０２３年12月時点で１４６回が開催されています。第１００回に到達したのは２０１８年の７月ですが、１００回分の出店データベースをゼミの学生と作ってみました。新城軽トラ市には、４８０台ほどの出店者が登録されていて、コロナ前であれば、その中から毎回70台程度が出店していました。そのデータには、毎回の出店位置、売上げが記録されています。

データベースを作成した第１の興味は、どの程度の出店者が継続性を持っているのかということでした。そこで、第１～１００回までの新規出店店舗の出店回数を調べてみました。その結果、１度でやめるものが16％となっていて、８割以上は繰り返し出店しているということが分かりました。ちなみに、第１～10回に出店を開始した１３８台をみると３割が50回を超えており、１００回毎回出店という出店店舗も数台ありました。詳細に出店の傾向をみると、連続ではないけれど定期的に出店している例もあります。特に、果実などの季節を選ぶ品目がそうですね。このように軽トラ市出店の継続性は総じて高いと言うことができるでしょう。したがって、出店する方と運営者との連携や信頼関係が形成されてくることになります。長期間継続した軽トラ市は、店舗同士でもセンスが磨かれており、時間とともに強い店舗集団となっています。筆者が調査してきた9年ほどの間でも、接客、販売品、店舗のデザインがどんどん洗練されてきました。

次に、販売品目です。全国軽トラ市調査では上位３品目を抽出していますが、野菜（76％）、加工食品（58％）、調理品（48％）、手芸・雑貨（35％）で、これが基本品目です。海産物の扱いは地域によって大きく異なっていますね。新城の１００回分の出店４４０

店の販売品目をみると、全国同様の傾向を持っていますが、対人サービスが増えています。具体的には、図1で紹介したエステなどです。他の軽トラ市では企業PR出店を見かけます。不特定多数の人々に製品のPRや意識を聞き取る場所は、ありそうでないのではないでしょうか。これらは、軽トラ市開催地域の立地企業特性を反映したものにもなりますが、消費者意識を把握できる場としての魅力も感じ取れます。

さて、軽トラ市での出店店舗の配置ですが、一般的に煙の出る店舗を特定位置にまとめる、同品目の店舗を集中させない、近接する商店街店舗と競合させない、販売機会が均等になるように配置にローテーションを持たせる、などの工夫が凝らされています。

◯出店店舗の地域分布

次に、出店店舗の地域分布をみておきましょう。市町村外からの出店が多いことを第2章で触れましたが、新城軽トラ市への出店店舗の位置を示したものが図3です。ほぼ50㎞圏で累積が90%となります。この傾向は、静岡県の磐田軽トラ市の調査でも似通っていました。限界時間距離も調べていますが、60分以内が約70%になります。これをみると、50㎞圏で60分以内が有効な出店範囲と思えます。この距離圏を販売品目別にみると、対人サービスや手芸・雑貨類は狭域、農産物・海産物・加工食品等は中域、キッチンカーなどの飲食や調理品がより広域から集まっていることが分かります。勿論、この距離には地域差がありますが、出店店舗が一定の広がりを持っていることは間違いないでしょう。したがって、複数の軽トラ市がこの距離範囲で連続することは、出店店舗側からは出店の選択を広げ、軽トラ市側からは出店者の募集や出店店舗の特徴化を図ることができると言えるでしょう。

③出店店舗の営業形態

○出店情報と営業形態

　こうした出店者はどのように情報を入手して出店に至っているのでしょうか。ここからは、２０１６年に実施した新城軽トラ市の調査結果です。情報入手手段の第１位は「出店者間の口コミ（64％）」で、次いで「運営団体のＨＰ（40％）」となっています。出店者を広く集めるには後者のＨＰ、近年ではＳＮＳが有効ですが、継続した出店を確保するには口コミが決定的な要素となっていることが分かります。口コミによって店舗が集まるということは、その軽

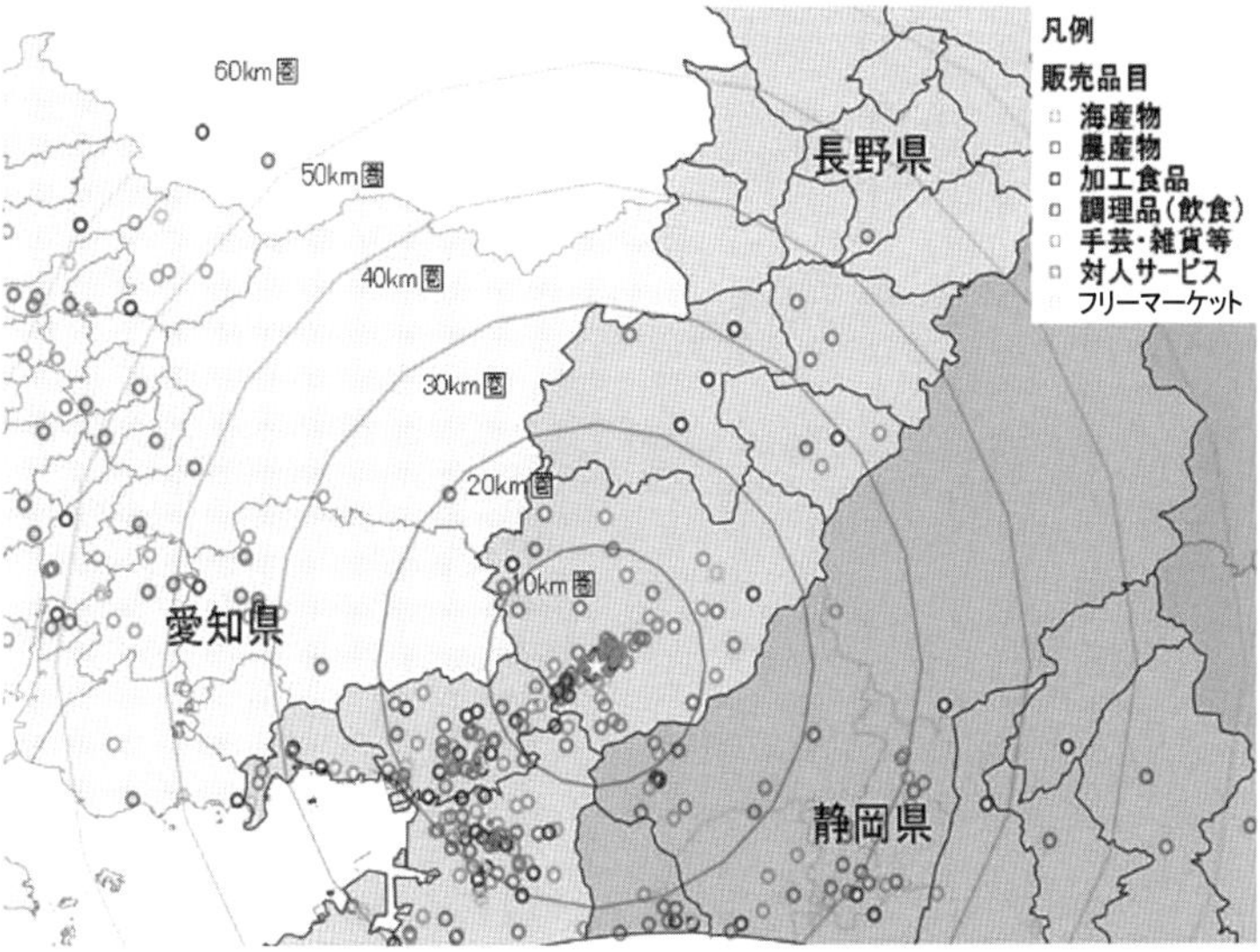

図3 新城軽トラ市出店店舗の分布

トラ市が出店者側に評価されているということで、長期間継続している軽トラ市は、その魅力を持ち続けているということでもあります。実際に、軽トラ市の終了近くの時間などには、出店者間の情報交換が活発に行われています。出店者と運営者の信頼関係に基づく口コミは、軽トラ市が発信する不可欠な情報と言えるでしょう。

次に営業の形態です。出店店舗の中には、固定店舗を持って出張販売している方（固定店舗型）、可動店舗が専業の方（専業型）、農漁業のように生産者が直販している方（直販型）、フリーマーケットのような個人的な販売（個人型）などがあります。この調査では、固定店舗型が半数と多くなっていますが、専業型も増えています。軽トラ市への出店動機としては、商品宣伝（43％）、固定客づくり（39％）、売上げ増大（36％）、店舗宣伝（34％）、販売地域開拓（30％）などがありますが、営業形態によってこの動機も変わっています。売れればいいと単純に言えないのは、その店舗ごとの狙いがあるからですね。

ところで、専業型の中にもいろいろなタイプがあって、移動販売として営業範囲を広げるもの、固定店舗への第一段階として準備しているもの、リタイア層の活動の場とするものもあります。会社員のご夫妻が休日だけ行っておられる店舗があります。比較的時間に余裕がある奥さんが主導で、現状はご主人がサポートです。やがてご主人の定年後は主なビジネスになるのではないかと推測します。婦唱夫随型と私は呼んでいますが、賢明な選択だと思います。コロナ禍を契機としてキッチンカーなどが増大していますから、軽トラ市は新しいビジネスや店舗再生の機会を提供する場にもなるだろうと思います。

出店店舗の年間出店回数を調べてみると、軽トラ市だけという店舗は25％で、４分の

3は他に出店機会を持っていることが分かりました。スーパーマーケットへの出店や移動販売など個別での販売を行うものを個別販売型、軽トラ市や他のイベントに出店するものをイベント型とすると、個別販売型が21％、イベント型が79％になります。年間出店日数では、個別販売型は年間100日程度とみることができ、イベント型では10～30日になります。このように軽トラ市は、多様な可動店舗を結びつけており、平均30台近い出店台数があることからみて、こうした可動店舗の地域拠点として位置づけることができるでしょう。

○売上げと客数

次に売上げと客数をみておきます。1回の売上げは、全国軽トラ市調査で1台当たり平均3万円程度でした。新城の場合も、ほぼ同様の結果です。出店店舗によってばらつきがあり、平均の倍を超える7万円以上も10％程度存在していました。出店動機に固定客づくりがありましたが、結果はどうでしょうか。1回当たりの客数が100人を超える店舗もありますが、平均は53人でした。これに対して固定客数の平均は17人で、固定客比率は3割程度となります。どうお感じでしょうか。これは筆者の当初の予想より高いものでした。確かに、どの軽トラ市でもひいきのお店を探している来街者を見かけます。ここから軽トラ市の魅力である、来街者と出店者との会話の楽しみが生まれてきますが、それは来街者の項目でお話しします。

④出店者の感動

○軽トラ市出店に感動はあるのか

軽トラ市は、出店者にとってただ売上げだけではないことをみましたが、軽トラ市と出店者の精神的な繋がりも重要に思います。精神的といっても漠然としており、軽トラ市出店は出店者に「感動をもたらしているのか」という点に焦点をおいてみます。唐突に感じられるかもしれませんが、筆者は地域づくりの場に感動がどう生まれているのかという点に興味を感じて、心理学の専門家などと行政職員の感動、まちづくり活動者の感動、地域スーパー店員の感動などを調査してきました。以下は、同様の調査手法を新城軽トラ市出店者に応用したアンケート結果です。調査時期は２０２０年10月、配布数は３７５、回収は１２９（回収率34・４％）で、ゼミ学生（福住真鳳さん）の卒論として調査実施したものです。感動の定義としては、「実際の体験によって心に深く残ったこと」と大きくとらえて、「人からの感謝、人との繋がり、目標の達成、予測を超えた出来事、喜びや悲しみなど」と例示しています。では、調査結果はどうだったでしょうか。「よくある」が15％、「ときどきある」が36％で、約半数が軽トラ市に何らかの感動を持っていることになります。

○感動の内容

次に、感動の種類を「成果」「これまでにない経験」「考え方や価値観」「思いやり・愛情」「懸命さ・成長」「一体感・繋がり」「自己の肯定」に分けて、自己の体験に近いものを複数選択してもらいます。その結果、「思いやり・愛情」「一体感・繋がり」を感じたのが、いずれも4割程度と高いことが分かりました。軽トラ市が、出店者にとって人と人との繋がりやその温かみを深く感じる場となっていると言って良いだろうと思います。

アンケート調査では、この感動体験を具体的に記述してもらっています。出店準備、出店中、出店後に分けて、幾つかを紹介してみます。出店準備の段階では、「商店街の人が気さくに声をかけてくれ、電源やトイレの提供などを協力的にしてもらった」と商店街や運営者との間での体験があげられます。特に、出店の初期では軽トラ市に慣れておらず、心に残る出来事であったことが推測されます。次に出店中では、客である来街者との関係が多く表れています。「『買うためにあなたを探してきたのよ』『美味しいからまた来たよ』という言葉がうれしい。暑い日はお茶や自家製梅ジュースの差し入れ、寒いと自分のカイロをくれて頑張れと言ってくれる」とあります。この回答者は通算出店が100回を超え、軽トラ市開始から10年間、ほぼ毎回1時間近い距離を移動して出店しています。また、10年間という時間は長期の固定客を生み出しており、「最初に買いに来たのは小中学生だったが、すっかり大きく成長して大人になっても買いに来てくれる。お客さまの成長の1ページの助けになっていると実感するときがある」との体験があると言います。この回答者も通算出店100回を超える出店者でした。軽トラ市は一時的なイベントとして扱われがちですが、固定店舗に劣らぬ顧客との関係を持っていることが感じさせられます。出店後もこうした体験は続いており、「現在人手不足により出店できずにいるが、お客さまがお店を訪ねに来て『元気だった』『心配してたよ』と声をかけてくれる（病気などで出店できていないのかと心配してくれていた）」という体験もみることができました。

○感動は変化をもたらすのか

さて、こうした感動体験は、出店者個人に何らかの変化をもたらすのでしょうか。変化を「考え方」「行動」「他者との関係」に分けて、その変化を聞いてみます。変化がなかったのは30％であり、実に70％の出店者には何らかの変化をもたらしたことになります。回答の多い順に並べると、「考え方が変わった」31％、「行動が変わった」22％、「他者との関係が変わった」21％です。こうした変化が、継続や定着したものかを聞くと、「大変継続・定着した」が5割近くとなっており、一時的な変化にとどまらないことが推測されます。

感動内容と同様に、変化内容も具体例をあげておきます。まずは「他者との関係」では、「人の情を感じることができ、お客さまやスタッフ、出店者との交流が楽しく思えるようになった」、軽トラ市以外でも「在籍している組織や地域のためにより一層協力しなければならないと感じた」との想いが表れています。次に「行動の変化」です。軽トラ市に関連するものとして、「新商品の開発やレシピの改良などに取り組んだ」「作る気持ちの入れ方や、手に取ってくれる方への想いも入れ込むようになりました」などがありますし、より日常的な変化としては「人に感謝することが増えた」などもあげられています。最後に「考え方の変化」です。「今は副業だけれど本業にしたいと思う」「50年納豆を作り、お客さまに喜んでいただける顔を思い浮かべながら一筋に作り続けてきたことが間違いなかった」「今購入してくれる子どもが大きくなっても変わらずおいしいと言ってくれる商品を作り続けようというモチベーションが上がる。自分は九州地方出身なのですが、この地域で生きていこうと決意が固まった」「新城の方々の思いやりに感動し、『あの人々のイメージ＝新城』として記憶」と、出店への確信や地域への愛着に変化が起こったと言えます。

出店者によって書かれた文章を読んでいると、軽トラ市はお金の動きにとどまらず人と人とが作る社会システムであり、感動を生む場でもあることに気づきます。短い紹介ですが、軽トラ市の中にある感動が伝われば幸いです。

⑤出店店舗の空間利用

◯車体の配置

出店店舗が魅力的な雰囲気をつくるために、出店した車が会場となる道路をどのように使っているか、その空間利用について触れてみたいと思います。調査対象は新城軽トラ市で、２０１９年の５月、６月の出店車90台です。調査方法は、出店車の写真を、前後、左右の４面から撮り、車体利用の分類を行うもので、各出店店舗の責任者へのアンケート調査を加えています。この調査は、ゼミ学生（柳瀬仁泉さん）の卒論として実施したものです。

軽トラ市の開催場所は、道路が主であるために、出店店舗が道路に沿って列状に配置されるのが基本です。広場型や駐車場型の場合は、島状に店舗を配置したり、来街者の通路に対して車体を垂直に配置するものもあります。全国の全ての例を調べたわけではありませんが、道路型の場合は道路幅員によって１列の配置と、道路の両側に配置する２列の場合が一般的です。１列の場合は、商店街の商店への来客や緊急車両に対応するため、道路中央近くに配置して、来街者が通行する販売面とバックヤード的な背面を形成することになります。雫石、川南、新城の三大軽トラ市は、主として1列の配置であり、1台当たりの面積は概ね7m×2m程度となっています。新城の場合は、図4のような配置が基本となり、車体と車体間の外部空間を販売に利用することになります。

○車体利用の分類と結果

車体利用の分類です。この調査では、Ⓐ車種（軽トラック、軽キャブバン、軽乗用車）、Ⓑ空間利用（車体型、外空型、車体外空型）、Ⓒ販売方式（陳列、加工）、Ⓓ車体改造（改造有、改造無）、Ⓔ車体の拡張（車体拡張有、車体拡張無）、Ⓕ外空装備（テント、パラソル、無）に分類しています。以下に結果を紹介します。

Ⓐ車種：軽トラ市は軽トラックだけではないことはこれまでにも話しましたが、この90台の内訳は、軽トラック37台（41％）、軽キャブバン39台（43％）、軽乗用車14台（16％）で、軽乗用車も一定量存在していました。なお、軽キャブワゴンは車体の空間利用から軽キャブバンに分類しています。

Ⓑ空間利用：この調査で最も着目した点です。販売に車体のみ利用しているものを車体型、車体後ろの外部空間のみ利用しているものを外空型、車体と外部空間を利用しているものを車体外空型としています。全体では車体型9台（10％）、外空型61台（68％）、車体外空型20台（22％）です。外部空間を販売に使っているものが大半であり、車体と外部空間利用のコンビネーションが重要になります。車体の形状から軽トラックは多様なバリエーションを取りやすく、車体外空型が主になります。軽キャブバンと軽乗用車は外空型です。図5は、外空型、車体型、車体外空型の写真です。

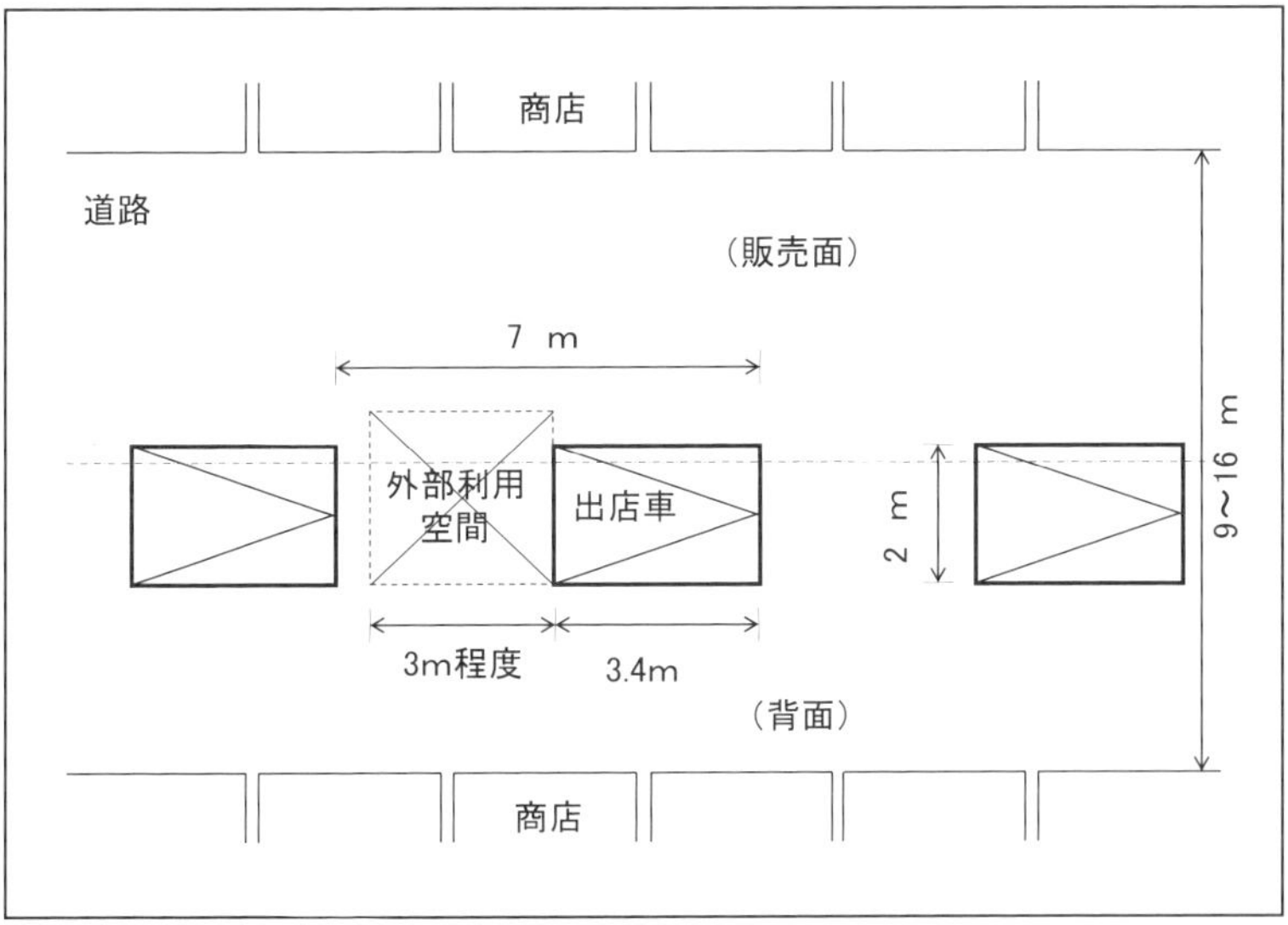

図4 出店車体の配置

外空型

車体型

車体外空型

図5 空間利用のパターン

Ⓒ販売方式：加工を加えず商品を販売する場合を陳列、調理等を行う場合を加工としています。陳列が72台（80％）、加工が18台（20％）でした。

Ⓓ車体改造：目視で判断できる顕著な車体改造が行われている場合を改造有、確認できない場合を改造無としました。改造有が22台（24％）、改造無が68台（76％）です。

Ⓔ車体の拡張：外部空間を利用する際に、車体との連続性を取っているのかという点を、車体の拡張ととらえています。具体的には、バックドア等を開いて外部空間と常時繋がるようにするもので、拡張が52台（58％）と過半数となっています。

Ⓕ外空装備：最後に外部空間を利用する際の装備として、比較的大きな空間を確保するテント、部分的空間確保となるパラソルに分けています。テントが72台（80％）、パラソル5台（6％）とテント利用が圧倒的で、外空型、車体外空型の大半がテントを活用していることが分かります。テント利用も差異があり、外部空間のみを覆うテントや、軽トラの荷台と外部空間を一体的に覆うテントを見かけます。これらテントの形状や色彩は、軽トラ市の景観を左右する大きな要素になります。

○車体利用の全体像と利用者満足度

個別の分類とその結果をみました。細かくなりますが、主要なタイプをまとめてみましょう。

軽トラックでは、車体外空型・陳列・改造無・拡張無・テント利用、次に軽キャブバンでは外空型・陳列・改造無・拡張有・テント利用、最後に、軽乗用車は、外空型・陳列・改造無・拡張有・テント利用という傾向にありました。

さて、出店者の満足度を「運搬のしやすさ」「会場セッティングのしやすさ」「販売のしやすさ」に分けてアンケート調査を行った結果です。選択肢は「とても満足」「満足」「どちらでもない」「不満」「とても不満」ですが、調査時点では車体と外部空間の利用が区分されている外空型の満足（とても満足＋満足）が高く、運搬76％、セッティング71％、販売62％となっていました。軽トラ市会場は道路を使用するために、準備や撤収に活用できる時間が限られており、短時間に作業が行えることが重要なポイントとなっています。車体と外部空間を繋ぐ装備品の開発も、軽トラ市をより魅力あるものとするもので、様々なアイディアの余地があります。ちなみにスズキ㈱では、「軽テン」という軽トラック用のテントを開発していますが、名称はゼミ学生のアイディアが採用されました。

4-2 軽トラ市への来街者

①来街者の把握

出店者に次いで、来街者つまり軽トラ市のお客さんについてみてみましょう。調査対象は、出店者と同じ新城軽トラ市です。全国の軽トラ市の平均来街者数は約１７００人でしたが、新城軽トラ市は第1回からコロナ禍前の１１９回までの平均が約２５００人と、1回当たりの来街者数は、全国平均より多めです。毎月の第４日曜日９時から12時30分に開催されていますが、第1回～１１９回までの月ごとの平均をとったものが図６です。

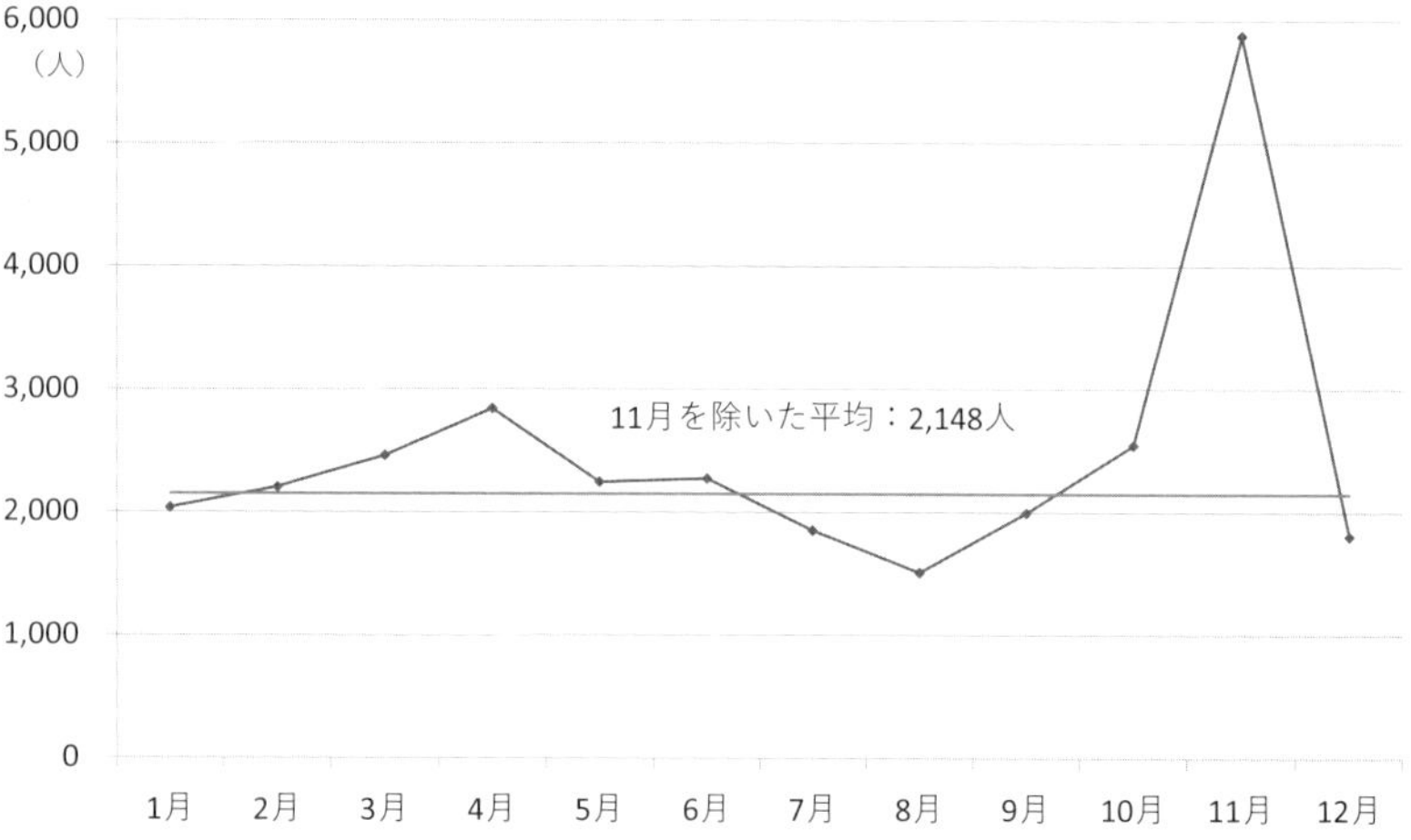

図6 月ごとの平均来街者数

春の3月・4月、秋の10月・11月（11月は年1回のルロット祭りとして開催時間を14時30分まで拡大）の来街者が多いことが分かります。暑さのために最も来街者の少ないのが8月（11月を除いた平均の0・7）ですが、冬場でも極端な減少がなく、通年型の事業になっていることが分かります。勿論これは東海地方の気候を反映したもので、東北・北陸などの降雪地域では冬場を除いて開催している例が多く、雫石軽トラ市は毎年5月～11月の開催となっています。これらは野外開催の地域性と言えますね。

年間の来街者数の平均に近い9月で詳しくみてみましょう。具体的には2016年9月25日に実施した来街者アンケート調査です。事前調査として来街者の全体像を把握するために、来街者の約4割が利用する入り口で来街者の年齢、性別、グループ人数を目視で区分し、カウントします。その結果から年齢別の対象者数を把握し、該当する対象者にゼミ学生が聞き取り調査する形式をとっています。回収数は164票ですが、グループ代表者への聞き取りであるので、グループ人数総和では約400人の意見を反映しています。当日の来街者数が1785人でしたので、総人数では2割程度を把握したものです。

○来街者の行動

まず、軽トラ市への来街頻度を「定期的に来ている」「不定期に来ている」「初めて来た」に分けてみると、定期的が44%、不定期は34%、初めてが22%でした。定期的な来街者が最も多く、集客としては安定していると言えますね。また、初めてが2割と将来的な拡大性も感じられます。

居住地別で来街頻度も異なることが想定されるので、次に居住地別の傾向をみてみましょう。居住地別の来街者は、市内52％、県内市外40％、県外８％で、約半数が市外となっています。全国の軽トラ市の平均市外比率が29％であったことと比較すると、より広域的に集客していることが分かります。居住地別の来街頻度をみると、市内の来街者は定期的が62％であり、月に一度の市とはいえ市民の日常的な買い物の場となっています。一方、県内市外では初めてが37％、県外は50％と、非日常の観光的な場となっていることが分かります。この日常と非日常の両者を引きつけていることが、軽トラ市の魅力でしょう。例えば野菜や果物を買っても、市内の来街者にとっては日用品で、市外から来た来街者にとっては、軽トラ市で買ったという物語がついた観光土産になるわけです。

次に年代別（若者：13～30歳、壮年：31～60歳、高齢者：61歳以上）もみてみましょう。高齢者は定期的が66％で、壮年・若者では不定期あるいは初めての比率が上がっています。これらをまとめると、市内の高齢者の日常的な買い物を基盤にしながら、県内市外や県外からの壮年・若者の観光的な来街者を集めていると言えるようです。

グループ構成はどうでしょうか。軽トラ市を日常的に活用している市内の来街者は単独や友人・知人と一緒が多く、観光的利用の要素が強くなる県内市外や県外の来街者は、夫婦やペアが多くなっています。また、軽トラ市の前後の行動を調べると、市内来街者の約半数がどこかに立ち寄る「ついで行動」を行っています。一方、県内市外・県外来街者の立ち寄りは２割程度です。軽トラ市を観光資源として振興するには、他の観光地との連動をもっと高めることが重要に思えます。

１人当たりの買い物金額をみておきましょう。この調査の平均は１６００円程度でした。年代別にみると、若者が１０００円程度、壮年１５００円、高齢者２１００円と年代が上がるほど金額も上がっています。居住地別では市内が最も高く、グループ構成別では単独が最も高い結果でした。意外な感じもしますが、これらから考えると、市内の高齢者が定期的に来街していることは、出店店舗の売上げを基本的に支える面でも重要と言えます。

〇開催情報の入手手段

では、これらの来街者はどのような情報によって来街しているのでしょうか。最も多いのが口コミ40％でした。市内よりも遠方の県内市外や県外来街者の口コミ比率が高くなっていることは興味深いことです。出店者の場合もそうでしたが、口コミを生み出す人の繋がりが軽トラ市の基本的な情報源です。さて、口コミに次いで多いのが、この時点では防災無線でした。この選択肢は当初想定していなかったのですが、事前調査の際に分かったことです。市内の高齢者の方々は集落内の防災無線で軽トラ市の開催を知り、あるいは思い出し、来街に至っているということです。この防災無線による情報入手が市内来街者の37％にあたり、軽トラ市が地域の日常生活の延長上にあることを強く印象づける結果でした。ところで、防災無線の真逆にあるのがテレビでしょう。テレビも20％程ありました。観光紹介番組にとって、軽トラ市は絵になる題材です。新城軽トラ市に限らず、多くの軽トラ市がテレビ放映対象になっていますが、その番組を見て軽トラ市を訪れていることが分かります。この調査結果で興味深いのは、県外来街者のテレビ情報がゼロであったことです。大都市圏を除いて、概ねテレビ放送エリアは県単位となっていますが、新城市の位置する愛知県の場合、愛知県・岐阜県・三重県が同じテレビ放送範囲となって、隣接はしていても静岡県側は放送局が異なります。第2章のネットワーク化する軽トラ市では、県境を越える三遠南信軽トラ市ネットワーク会議を紹介しましたが、県境を越えてマスメディアに働きかけるのも重要な広報活動です。その他の情報としては、ホームページがあげられています。2016年段階ではSNSによる集客は少ないと言っていいでしょう。しかし2019年に調査した全国軽トラ市への広報手段の調査では、HP約90％、Facebook 約60％、Twitter 約20％、Instagram 約5％の利用と急速に増加していました。特に、若者を引きつけるには、これらの情報手段の一層の拡充と工夫が求められるところでしょう。

○来街者の満足度

来街者の満足度についても触れておきます。項目は、「軽トラ市の雰囲気」「交通手段」「開催時間」「出店店舗」です。「とても満足」と「満足」を足した回答の構成比に注目します。特に、雰囲気は90％近い満足度となっていて、軽トラ市の持つ雰囲気が来街者に受け入れられていることを示しています。雰囲気に次いでは、開催時間、出店店舗、交通手段の順です。来街の交通手段はほとんどが車になりますが、駐車場発見の戸惑いなどが自由意見に記されていました。駐車場は、多くの軽トラ市でなかなか解決しない課題ですが、常に気を配ることが必要です。年代別でみると、人数は少ないですが若者が他の年代と比較して満足度が高く出ています。そう考えると、若い人に取りあえず足を運んでもらう工夫がいりますね。我々の取り組みでも、若者を呼び込むために学生が音楽イベントなどの実験を行っていますが、若者が実施する軽トラ市も期待するところです。居住地別では、開催時間について県内市外や県外の満足度が若干低めとなっています。遠方ほど、もう少し開催時間が欲しいという要望は理解できますが、繰り返し来街してもらうためには、もっと延長して欲しいというぐらいが魅力的だとも思えます。

②軽トラ市の魅力の深掘り

近年はコロナ禍で実施できなかったのですが、ここ数年のゼミ夏季合宿でも、新城軽トラ市を調べています。合宿では、学生発想の調査を短期集中で行うことにしていますが、面白いテーマも出てきます。例えば、女性の買い物についていけない壮年男性は何をしているかなどです。確かに軽トラ市来街者の主役は女性で、エステ店舗の横で所在なく立っている壮年男性を見かけます。さて、こうした調査提案の中に、来街者の追跡調査から行動を調べようというものがありました。入場から退場までを追跡するので、1回の軽トラ市開催時間では数例が限界になりますが、実験的に実施してみました。そこで分かったことが、会話時間の長さと頻度でした。軽トラ市の魅力は対面販売の魅力であり、そこには会話が必須であることを感じていたので、もう少し定量化を試みることにしました。具体的には、来街者の会話に関するアンケート調査と拡大した行動追跡調査です。来街者に関する、この2つの調査結果を紹介してみましょう。

○来街者調査からみる会話

来街者の会話を調べるための来街者アンケート調査は、2018年6月24日に実施したもので、115票を回収しています。まず、来街者に会話があるかです。会話していないという人は18%にとどまり、大半の来街者が何らかの会話をしていることが分かります。次に会話の相手です。来街者間の会話が28%、イベントなどを実施している地域の方（住民）との会話が19%と様々な会話が交わされていますが、出店者との会話が60%と圧倒的に多くなっています。今日、対面で会話を楽しみながら行う買い物の機会が少なくなりました。それだけに、出店者との会話は軽トラ市の魅力です。会話があるということは、人の繋がりを作っているということでもあります。さて、会話の内容は何かということも調べていますが、「世間話」が49%で、「商品について」の41%を上回り、会話自体を楽しんでいることが分かるのではないでしょうか。出店者との会話だけに限定すると、さすがに「商品について」が56%となりますが、それでも「世間話」も48%になっています。最後に会話の効果です。「何も思わない」が28%ですが、70%程度は何らかの効果に繋がっています。全体としてみれば、「買い物をしたい」24%、「その店（出店店舗）を利用したい」16%、「軽トラ市に来たい」12%と、良好な反応を引き出しています。

○行動追跡調査からみる会話実態

次に、会話の実態を把握するための行動追跡調査を紹介します。行動追跡調査は、2019年6月、8月、10月に行っています。ここでは調査数の多い10月の例を紹介してみましょう。参加ゼミ学生は25名で、学生2名が一組となってチームで実施します(図7)。学生1名が、会場平面図に1m間隔のメッシュを書いた地図の上に来街者の歩行ルートを記入していきます。ルートは勿論ですが、立ち止まった場所、会話相手、買い物の有無なども記載します。そして、もう1名の学生がストップウォッチで秒単位の時間を記録していきます。

中には、来街者が途中で喫茶店に入り、30分待って断念などのケースも出てきますが、このようにして43組の行動記録を採集しました。

さて、行動追跡による会話調査の結果です。軽トラ市の

図7 学生の調査風景

滞在時間は平均30分、最大は67分でした。歩行ルートでみると、会場を周遊する周回型が多く、滞在時間によって半周、1周、複数周回となります。駐車場利用者は出発地に戻るため周回型になり、重いものは後で買うなどの傾向があります。歩いて来街する住民は、目的とする店舗に向かって通り抜け型となる場合もあります。次に調査目的の会話時間です。調査結果では、平均10分でした。つまり平均滞在時間30分に対して、1／3程度は会話に用いられていることになります。会場内の移動時間20分と比較すれば、会話の長さが理解できるでしょう。また、単独での来街者と複数名での来街者では会話時間が異なっており、単独の場合は平均7分、複数の場合は12分となっています。会話の相手別にみると、出店者が平均8分、その他が平均2分ですから、出店者との会話が軽トラ市での主要な会話時間であることは間違いありません。会話の頻度でみると1回の軽トラ市で平均5回となり、そのうち出店者が4回、これは概ね4店舗ということですね。会話合計の最長ケースは33分、出店者との会話の最長は26分、その他の来街者間等では22分となりました。全行動を記録しているので、会話の長さと、会話に伴う商品購入の有無も分かります。出店者との会話は全体で175回を記録しており、購入有の場合で平均10分、購入がない場合でも11分で、買わなくても購入の場合と同程度に話していることになります。商売の効率としては良いとは言えませんが、こうした会話が軽トラ市に来街者を引きつけ続けていることは間違いないでしょう。

ネットショッピングが大きな伸びを示していることは事実ですが、それだけで満足できるのでしょうか。軽トラ市はネットショッピングとは対極にありますが、物を買うことは人と人との繋がりを強めることでもあり、こうした買い物の形態は、なくすべきものではないでしょう。独居高齢者が都市でも増える現状ですが、人を家から誘い出し、会話で人と人を繋ぐ軽トラ市は、どこにでも必要なものです。特に、対面が困難であったコロナ禍を過ごしてみて、その必要性を強く感じさせられました。蛇足ながら、こうして来街者を調査することで、学生たちも軽トラ市の魅力の深さを学んだように思います。

4－3　軽トラ市を行う商店街

①軽トラ市を行っている商店街

第3章での軽トラ市を仕掛けたリーダーの皆さんの発言にあるように、多くの軽トラ市は地元商店街の活性化や再生を目的としています。地方都市の商店街を称してシャッター通りと言われますが、再生する手法がなかなか見当たりません。率直に言えば、諦めているところも多いのではないでしょうか。小規模な市町村となればなるほど状況は厳しくなります。これは軽トラ市に出会うまでの筆者の感想でもあります。

2021年度商店街実態調査（中小企業庁）によれば、都道府県が把握する全国の商店街数は1万3408とされています。現在の軽トラ市は約100であるので10倍の1000程度となれば、地方の商店街の1割に近づいて、大きな変革になると思えます。大風呂敷ではありますが、人口減少やコロナ禍で商業の在り方も変わりつつある現在、可動商店街である軽トラ市を本気で推進することが重要ではないだろうかと思います。

さて、全国軽トラ市調査でみると、軽トラ市を行っている商店街の規模は50店舗以下が大半になります（図8）。先の商店街実態調査では、商店街を近隣型商店街（最寄り品中心、平均41・3店）、地域型商店街（最寄り品・買い回り品混在、平均57・0店）、広域型商店街（百貨店、量販店の大型店を含む、平均87・8店）、超広域型商店街（百貨店、量販店の大型店を含み有名専門店が中心、平均144・7店）に区分していますが、軽トラ市を開催しているのは、ほぼ近隣型商店街に該当し、その中でも小規模と言えます。また、この調査での空き店舗率は、近隣型商店街14・3％、地域型商店街13・2％

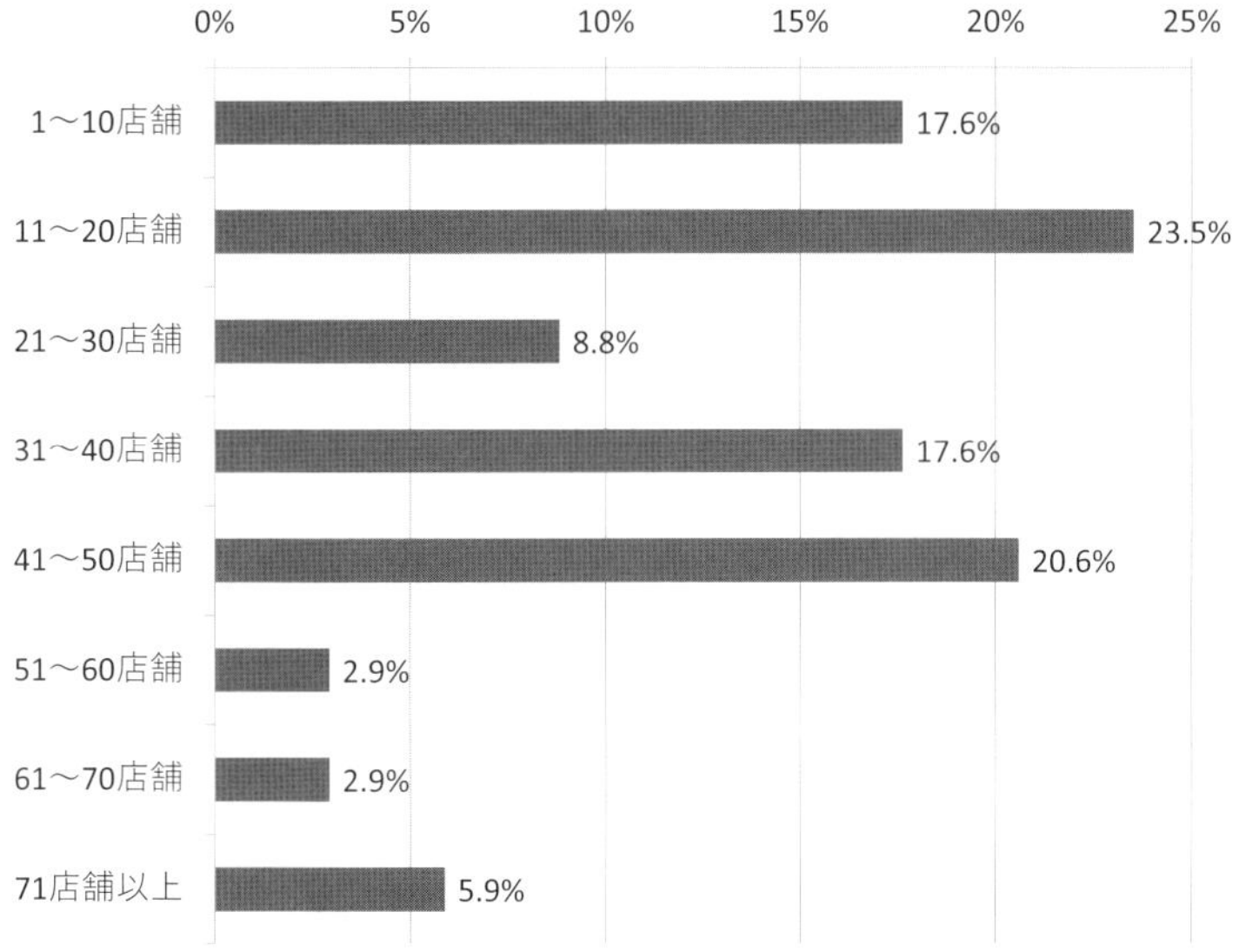

図8 軽トラ市実施商店街店舗数

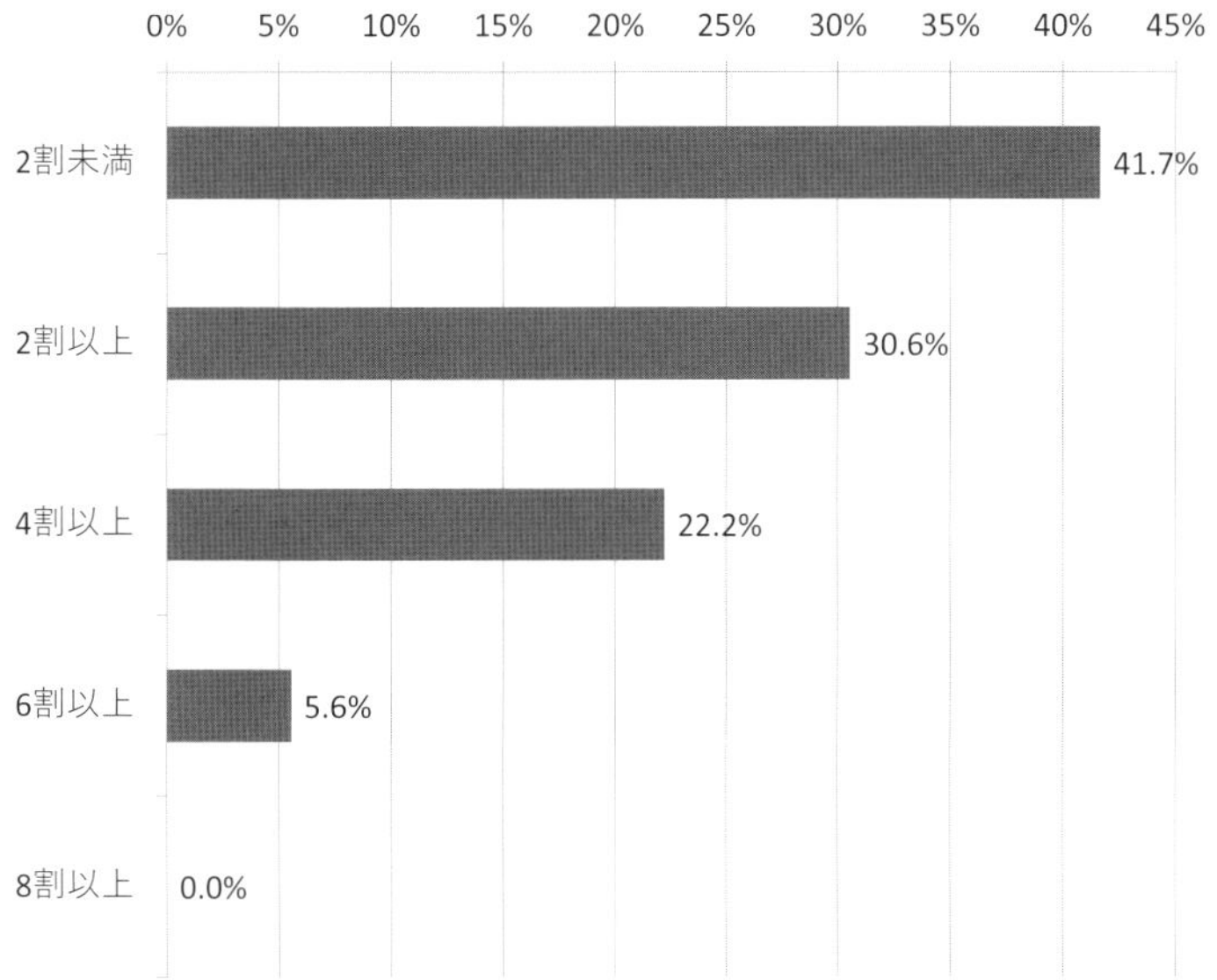

図9 軽トラ市実施商店街空き店舗率

となっています。軽トラ市を行っている商店街の空き店舗率（図９）は、２割を超えるところが過半数で、平均的な商店街より衰退傾向にあります。むしろ、それでも軽トラ市が実施できると言えるでしょう。この結果からみると、商店街に半数程度のお店が残っていると軽トラ市に結びつきやすいとみえます。

②軽トラ市の直接効果

ここで用いるデータは、新城軽トラ市を開催している商店街の店舗、空き店舗、住宅に対して実施したアンケート調査（２０１６年10月）で、軽トラ市が始まってから６年後のものになります。訪問配布・郵送回収で、配布数59（内店舗34）、回収数39（内店舗24）、回収率は66・１％でした。ちなみに、調査時点の新城軽トラ市開催商店街の空き店舗率は約３割となっていて、商店街実態調査の平均と比較しても、より厳しい状況にありました。

まず、商店街への軽トラ市の直接効果として、売上げ、客数、取扱商品数をみてみましょう。月１回の開催で一挙に劇的な変化は望みにくいですが、「少し増えた」とする店舗が、売上げで22％、客数18％、商品増加22％となっていました。いずれも５店舗程度ですが、商店街の活気を生む上で重要な店舗数だと思えます。次に、軽トラ市当日（第４日曜日）の開店状況です。通常は休業であったお店が開店としたものが33％（８店）あることに注目します。通常通り閉店は１店舗ですから、ほとんどの店舗が開店していることが分かります。第３章の軽トラ市ワーキンググループリーダーの森さんによれば、「商店街の店舗には、軽トラ市開始当初から開店をお願いした。半年経過して徐々に開店が進み、本格化するのは2年目からで、1年間の実績が認められた結果。開店している店舗は、店先にワゴンセールなどの店舗外販売を始める。そして、徐々に来街者にも声をかけるようになり、店舗内への誘導となる。こうして商品が売れることが成功体験となり、商店の活気につながった。また、店舗によっては軽トラ市用の新商品開発を行い、さらに独自の展開をとる店舗も出てくる。」ということでしたね。三大軽トラ市リーダーへのインタビューから軽トラ市での商店街商店の変化は、①閉店日から開店、②店舗外での販売、③新商品開発、④店舗の独自展開の4段階になっていると概括できそうです。時間的には軽トラ市開始から1年～2年は辛抱で、そこから徐々に協力体制が整うと考えられます。アンケート結果からみると、店舗外販売は63％と過半数が行っており、客の呼び込み21％となっています。普段は取り扱わない商品を軽トラ市の日に販売するは13％と調査結果では少ないですが、軽トラ市来街者に合わせた価格帯の商品をアピールするという取り組みは、より多くの店舗で行われていました。

③店舗の事例

新城商店街の2店舗を取り上げて、軽トラ市での変化を紹介します。まずは、井上とうふ店（図10）です。昭和40年代初めに開業し、店主（2022年：73才）は2代目です。通常の日曜日は配達のみの閉店日でしたが、軽トラ市開始当初から開催日は開店するようになりました。軽トラ市当日は、各種の総菜を求めて客足が絶えません。この機会に店を覚えてくれる来街者も多いようで、軽トラ市用に豆腐お好み焼きなどの新商品や復刻商品を販売するようになります。人手が足りないために、当初は近隣に住む親戚のサ

図10 井上とうふ店

図11 肉のさかいキッチンカー

ポートを受けますが、やがて市外に住む息子たちが手伝うようになりました。長男が軽トラ市当日に、次男が軽トラ市以外にも週2日商売を担うようになります。後継者になるかどうかは分からないとのことでしたが、軽トラ市が後継ぎ課題への一つの切り口を提供しています。その後、２０２２年12月に店主であったお父さんが急逝します。軽トラ市のたびに話をしていたので、筆者も大変驚きました。葬儀の直後に長男の方と話す機会がありましたが、まずは井上とうふ店を継続するということで、厳粛な思いになります。

2店目は、肉のさかい（サカイフーズ）です。昭和元年に開業した老舗で、現社長で3代目です。軽トラ市当日は、来街者が店舗前の販売カウンターに集中する人気店で、軽トラ市を契機として地元の鳳来牛を使用した新商品開発に数多くトライしています。鳳来牛は年間約３００頭しか出荷されない国内最高級ブランドで、従来地元の店で売れるとは考えられていませんでした。鳳来牛の販売に力を入れるようになったのは、軽トラ市に来る地域外の来街者の存在です。販売客が地域外に広がり、ネット販売の可能性を確信したと聞きました。興味深いのは、軽トラ市に触発されて、鳳来牛を広めるキッチンカーを始めたことです（図11）。そして、２０２３年4月には、店舗の向かい側に予約制の鳳来牛専門料理店をオープンしました。軽トラ市が地場産品への着目を引き出し、事業変化をもたらした例と言えるでしょう。軽トラ市を進めるどの商店街でも、こうしたお店に遭遇しますが、商店街の元気を確実に作っていくものと感じさせられます。まだその数は少ないですが、軽トラ市のある商店街に新規出店する事例も聞くようになりました。

④軽トラ市への参加

最後に、商店街から軽トラ市への協力についてみておきます。「特にしていない」は63％ですから、約４割の店舗は軽トラ市に何らかの協力をしていることが分かります。多いものとしては、来街者を対象とした「トイレの貸し出し」「駐車場の貸し出し」があげられます。軽トラ市により新しくできた交流相手として、「出店者」という回答が４割以上と最も多くなっています。こうした関係から、出店店舗への「電気の貸し出し」「水道の貸し出し」にも繋がっています。また、コロナ禍では禁止となっていましたが、食べ歩きは軽トラ市の楽しみです。そうしたときに、ひとやすみできるベンチがあれば、会話が広がります。この対応となるのが、「休憩所（ベンチ等の設置）」です。小さな取り組みかもしれませんが、こうした気配りが軽トラ市全体を盛り上げているように思えます。

4－4　コロナ禍と軽トラ市

①コロナ禍における全国の軽トラ市

世界中に大きな変化をもたらした新型コロナウイルス感染症は、2023年5月に5類感染症に移行しました。振り返ってみると、日本における感染は2020年1月15日の神奈川県の報告から始まり、その後5類移行までに8つの大きな波が記録されています。感染者数自体は後期のほうが多くなっていますが、第1波に当たる2020年4月～5月では、政府による最初の緊急事態宣言が発出されます。そして6月下旬から感染者数が増加して9月下旬までが第2波とされていますが、この期間には「新型コロナウイルス感染症緊急経済対策」に旅行・飲食・イベント需要喚起事業として盛り込まれた「GO TO」キャンペーンとコロナ禍の自粛が並走して、どのように対応すべきか日本中に迷走が起こります。

こうした中、多くの軽トラ市も開催すべきか否かの混乱の中に引き込まれました。三大軽トラ市では、雫石軽トラ市が東日本大震災、川南軽トラ市は口蹄疫の障害に直面してきましたが、全国の軽トラ市が避け得ず、そして今も影響を引きずっているのがコロナ禍です。一方で、軽トラ市がコロナ禍を乗り越えてきたことは、しっかりと記憶すべきことでしょう。そこで、軽トラ市がコロナ禍に対峙した状況を、2020年9月に実施した全国軽トラ市調査から確認しておきましょう。アンケートの送付数は全国の124団体、回収は90団体、回収率72・6％でした。

○コロナ禍での軽トラ市開催状況

アンケートでは、軽トラ市が開催されている商店街や周辺地域の人出の変化をまず聞いていますが、最初の緊急事態宣言が出された２０２０年4月では通常の2～3割程度と大減少、6月でも半分程度と回答されており、影響が厳しいものであったことが分かります。次に、何よりも気になっていた軽トラ市の開催状況を、コロナの影響が始まる3月から9月まで聞いています。設問は、「通常通り開催」「コロナ対応で形を変えて開催」「休止」「軽トラ市を終了」に分けています。コロナ禍によって軽トラ市自体をやめるケースが多いのではないかという懸念がありましたが、9月時点で終了したのは5団体（6％）と、それ程多いものではありませんでした。しかし実際の開催に目を向けると、4月、5月は2団体のみで、ほとんど開催されていません。6月以降徐々に開催数が増加しており、7月に21団体、9月時点では24団体（28％）となっています。

一方、コロナ禍で軽トラ市を開催しないとした「休止」団体は、5月が最も多く45団体、それ以降も実施団体と同程度の約30団体であることが分かりました。開催を継続し得た団体には、3つの特徴があるようです。第1は当然ですがコロナ感染が少ない地域、第2は開催台数が20台以下や10台以下という小規模軽トラ市、第3は感染症対応に敏感な行政との関連が薄い団体です。

9月時点での再開意向をまとめると、「早期再開」「危機回避」「状況対応」の3タイプに分かれました。早期再開タイプは、「再開済み」25団体、「早期に再開」3団体の合計28団体（32％）、危機回避タイプは「感染危険が少しでもあれば再開しない」13団体、「終了・再開しない」7団体の合計20団体（23％）で、少なくともコロナ禍では再開しないとしていました。そして、中間的な状況対応タイプは、「感染が落ち着いたら対策をした上で再開」の31団体（36％）です。この時点では、早期再開タイプ、状況対応タイプ、危機回避タイプが、概ね同じような比率でした。数字は結果ですが、軽トラ市は多くの機関や人々との共同事業ですから、結果に至るために様々な葛藤があったことが推察されます。

次に、再開の条件を聞きました。我が国のコロナ対策の基本的な考え方は自粛でした。自粛である以上、その判断は自らがなさねばなりません。その際に基準となる項目です。まず、開催の第1条件ですが、圧倒的に「市町村内の感染状況の沈静化」でした。報道では大都市中心に感染者数が論じられましたが、市町村内の感染者数はたとえ少数の発生であっても、軽トラ市開催の絶対的な障害となっていました。次に、再開条件として1～5位に選ばれたものに重みづけ（1位5点、2位4点、3位3点、4位2点、5位1点）した合計得点です。コロナ対応は県単位で判断されていたので、「都道府県内の感染状況の沈静化」が高くなってきます。興味深いのが「地域のイベントの開催状況」です。各イベントが横睨み状況にあるということでしょう。軽トラ市は、概ね市町村のシンボル的な行事であり、他のイベントに与える影響も考えたことでしょう。もう一つ、「出店者の同意・要望」が重視されており、出店者との連携が開催の必須条件であることが分かります。

○コロナ対策と軽トラ市間連携

感染症対策を満たしながら軽トラ市を再開するためには、他機関との協調が必須となります。その際の連携したい相手をまとめたものが図12です。軽トラ市を開催するための通常の連携相手は第２章（50頁）に述べましたが、その調査で得た数値との比較も加えてみます。最も多いコロナ禍での連携希望は地元商店街で49％、通常時から12ポイント増加しています。次いで、行政が43％と通常時から15ポイントも増加です。このように危機対応として、行政機関や地元商店街との連携が不可欠なものとなっていたことが分かります。また、メディアとの連携が求められていることは、開催がどのように報道されるかに配慮したことの表れと考えられます。また、軽

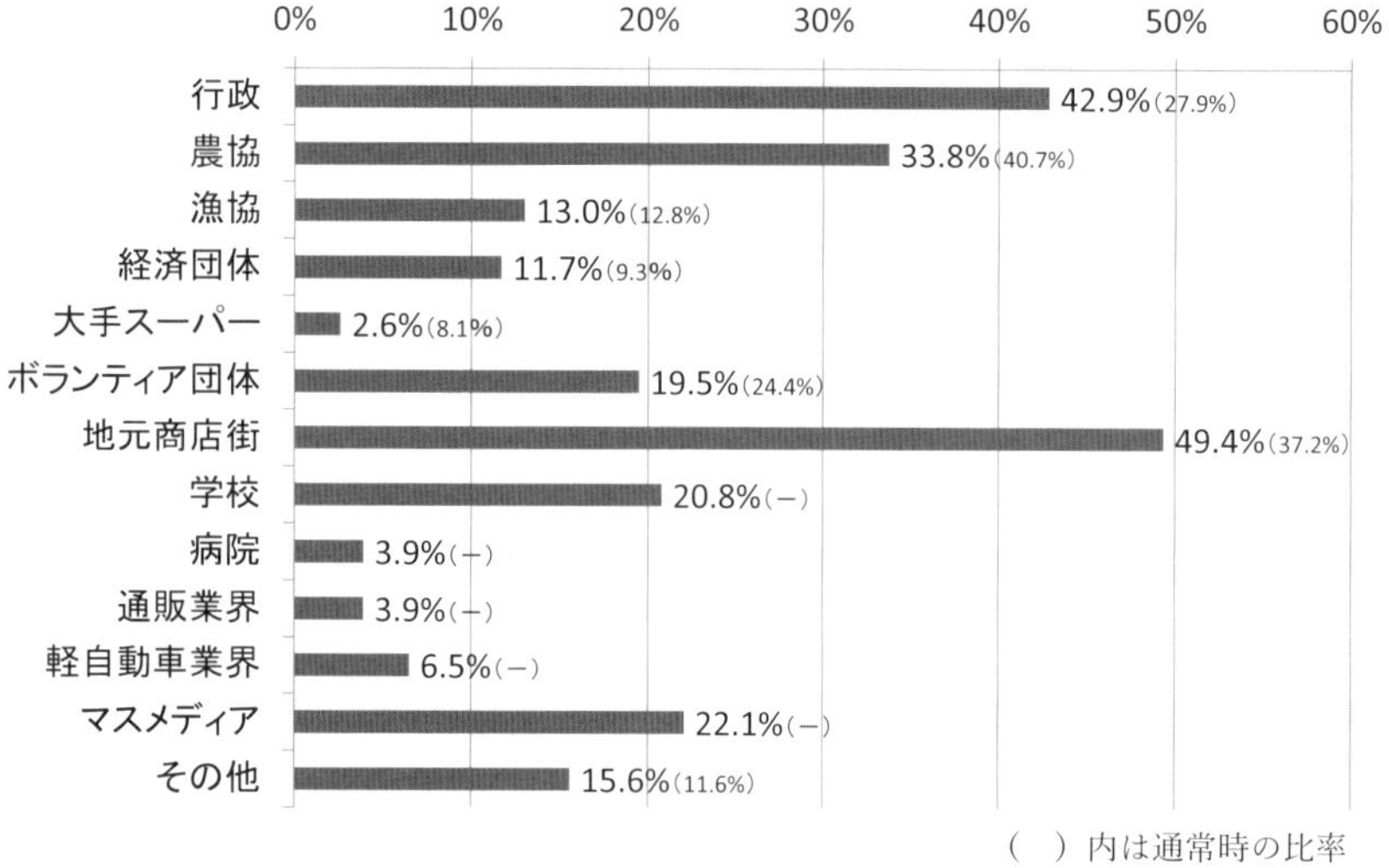

図12 コロナ禍での連携希望機関

トラ市相互の連携についても聞いていますが、「連携する必要がある」が7割近いものとなっていました。具体的には、開催するかどうかの判断、縮小開催などの開催手法、感染症対策などの情報交換が重要と回答されていました。実際に軽団連では、感染症対策のマニュアル準備やノウハウの共有が頻繁に行われていました。

最後に、コロナ対応で得た新たな視点について尋ねていますので、主なものに触れておきましょう。まずは、分散型軽トラ市です。コロナ禍でも継続されている軽トラ市は、小規模なものでした。つまり来街者の分散を図るということです。将来的には軽トラ市を地域内に小規模分散するという狙いも持って、出張軽トラ市やドライブスルー型軽トラ市というアイディアがありました。次に、軽トラ市本来の魅力である対面性を確保するアイディアです。その中には、通販業者など従来の軽トラ市出店者とは異なった分野との連携や、来街者との直接接触を低減するために電子決済を増加させるという意見もあります。川南軽トラ市では、電子決済と地域通貨を組み合わせた取り組みが、宮崎県の事業である「みやざき商店街等にぎわい回復応援事業」として行われていました。コロナ禍という危機の時にも、未来を考える芽があるわけです。

②コロナ禍での軽トラ市開催事例

○コロナ対応型軽トラ市

続いて、コロナ対応型軽トラ市の事例として新城軽トラ市を紹介します。新城軽トラ市は、毎月第4日曜日に開催されており、2020年2月の第119回まで、台風で中止となった1回を除いて休止なく継続されてきました。しかし、同年3月のイベント自粛要請、4月の緊急事態宣言に伴って開催を中止する状況となります。この中断期間は対面形式でのワーキング会議も自粛となりますが、ウェブによって通常よりも頻繁なワーキングチームミーティングが行われ、そこで再開の形態が探られていきました。筆者も参加しましたが、コロナ対策の発案から具体的手法の合意まで、軽トラ市が優れたまちづくりであることを実感させるものでした。

何とか軽トラ市を継続させようという思いのもとに、5月、6月に開催されたのが、コロナ対応型軽トラ市「のんほい軽トラらんど」です。この時期に軽トラ市が満たすべき条件は、感染症対策の徹底と疲弊した市内商業者への支援です。そこで、通常の軽トラ市とは開催場所、出店者、会場配置、そして名称も異なって実施されます。開催の特徴は、まず感染症対策です。マスク着用、検温、消毒、連絡先の記入を入り口で行います。全来場者の感染症対策を実施するためには、出入口が限定できる開催場所に変更する必要があります。こうしたことから、緊急時の対応として市役所に隣接してフェンスで囲われた防災空地が開催場所の候補となります。出入口は一つ、屋内施設以上の感染症対策を行えるわけです。これには、これまでに軽トラ市で形成された行政との信頼関係が前提となっています。次に、市内商業者への支援です。出店者を市内商業者に限定するということ、そして市内商業者を支援するエール便（持ち帰り）の出店も行っています。勿論、会場内での飲食は禁じ、持ち帰り専用です。つり銭のやり取りが発生しない値段の設定など、細やかなアイディアが盛り込まれていました。

会場の配置（図13）としては、出店店舗の台数を限定し中央に配置、来場者の交錯を防ぐために、会場は一方通行としています。筆者たちは、会場全体を見渡したビデオ撮影を隣接した市役所から行い、来場者間の接触を調べています。結果的に、人の接触は出店店舗の周りだけで起こっていましたので、順番待ち客の空間確保と店舗販売面での客集中の低減が課題となります。

さて、この軽トラ市の名称です。軽トラ市は商店街振興から始まっているために、商店街の場を離れて従来の「のんほいルロット」という名称利用はないわけです。ミーティングには、こうしたメンバーの強い思いが表れました。コロナは危機ですが、危機はなくてはならぬものを再確認する機会であることが、筆者には強い印象となりました。

図13 コロナ対応型軽トラ市の全体像
（矢印は一方通行）

○通常の軽トラ市開催とコロナ対策

さて、5月、6月ののんほい軽トラらんど開催後の7月は、開催直前に市内感染者の発生があり中止、8月も県内の感染者数の拡大から中止です。この間にワーキングチームによって、通常の軽トラ市会場を対象とした感染症対策マニュアルが、出店者、来街者、運営スタッフ別に整備されていきます。屋内施設以上のきめ細やかさです。こうした経緯を経て9月27日に、通常の軽トラ市としては7か月ぶりの開催となります。

来街者は、健康状態の確認、体温の測定、接触確認アプリのインストール、名簿等の記入、消毒という手順を経て入場、チェック済みのシールが肩に貼られます。こうした感染症対策を徹底するには、のんほい軽トラらんどと同様に出入口を限定しなければなりません。新城軽トラ市では、会場と結ばれた路地からの入場を止めることによって、入り口を5か所に限定しています。限定された入り口や多くの手続きが、来街者に拒否されないかとの懸念を筆者は持っていましたが、むしろ来街者と運営者の間でのにこやかな挨拶が交わされ、地域コミュニティの厚みを感じさせられました。図14は入場受付です。入り口を関所とせず、交流の場とするスタッフの気配りがありました。会場の出店は通常の70台から50台に減らし、出店車間の間隔も通常の7ｍから10ｍに広げています。このことによって出店店舗付近の密集低減を狙っているわけです。会場での飲食は、のんほい軽トラらんどと同様に禁止です。開催時間は30分短縮。来街者は１８００人弱でしたが、時間換算すればほぼ通常通りの数と言えます。何よりもまちの活気が戻ったという印象が共有されました。来街者が開始前から集まり、入場後はひいきのお店を探していきます。対面が妨げられてきただけに、その魅力が一層強く感じられます（図15）。

図14 入り口で記帳する来街者

図15 軽トラ市での会話風景　（肩のテープは入場時の検温等チェック済みを示す）

運営スタッフは、出店者間を回りながら、久しぶりの出店を気遣っており、やはり人の繋がりが、軽トラ市を作っていることを強く感じさせられます。

筆者らの大学チームは全出入口での入退場数をカウントし、15分ごとの会場滞在者数と会場面積から算出した来街者間の平均距離を会場に掲示、運営チームにもLINE連絡します。総量的に、ソーシャルディスタンスと言われた2mを下回らないようにすることです。混雑が激しい場合は、入場を制限できる体制が取られていました。

これらの対策は運営者の強い意志によるものですが、軽トラ市が考えられる限りの感染症対策を取って実施できたことは、コロナ禍という危機の中にも将来に楽観を持つことができる自信になったと、筆者は感じました。一方、コロナ禍では、三密が起こりやすい屋内を避け、オープンカフェなどの野外営業を促進する道路利用の緩和がなされています。

こうした状況からみれば、軽トラ市はコロナ禍でより活用できるものだったと言えるでしょう。軽トラ市は、イベントという分類になります。勿論、人の集まりという点ではイベントですが、継続的に開催され地域の活力や生活を維持しているとすれば、恒常的なまち機能とみることができるでしょう。恒常的なまちだとすれば、屋内施設よりもコロナ対策に適合したものと判断されても良かったのではないかと思えます。これは、今後への課題です。

第5章 軽自動車企業からみた軽トラ市

1. ジャパンモビリティショー(JMS)から未来の軽トラ市を
2. 軽トラ市を結ぶ全国軽トラ市
3. ディーラーを軽トラ市の拠点に
4. メーカーの垣根を超えて
5. 軽自動車は地域のインフラ
6. 日本型のモビリティ社会を
7. 軽自動車開発の特性と軽トラ市
8. デジタルとリアルを繋ぐ軽トラ市

一般社団法人日本自動車工業会の軽自動車委員会では、軽トラ市に強い関心を持って事業支援を行ってきました。軽自動車委員会の鈴木俊宏委員長（スズキ㈱社長）と武田裕介委員（ダイハツ工業㈱営業CS本部長）、インタビュアー戸田敏行が、軽自動車企業からみた軽トラ市を語ります。会談は、ジャパンモビリティショー2023（2023年11月3日）に合わせて実施しました。

ＪＭＳ軽トラ市での鈴木委員長、武田委員

1．ジャパンモビリティショー（ＪＭＳ）から未来の軽トラ市を

戸田：２０１９年に東京モーターショーで軽トラ市が開催された時、軽トラ市とモーターショーの組み合わせに大変驚きました。コロナ禍の中断を経ての２０２３年、溢れんばかりの人ですね。すでにＪＭＳ軽トラ市を回られたと思いますが、ご感想からお聞かせください。

鈴木：今回は2回目ということで、軽トラ市を知ってもらういい機会だと思います。地方に行けば軽トラ市を知っておられる方がいますが、東京だとなかなか。

戸田：日本のいろいろな感覚は、まだ東京で形成されるところがあるので、東京で軽トラ市が知られるのは重要ですね。

鈴木：東京は道一本入ると商店街があって、まだ賑わっています。だけど、地方へ行くと商店街はもうシャッター通りになって、なかなか賑わいが演出できません。そこで、軽トラ市が地域の活性化に活躍する役割が大いにあると思っています。その軽トラ市を応援するため、日本自動車工業会（以下、自工会）は、自工会のホームページに全国の軽トラ市の開催情報を紹介するページを作って告知したり、全軽メーカーが一体となって軽トラ市運営の手助けをするなど、様々な取り組みを行っています。

軽トラ市を語る

戸田：武田委員はいかがでしょうか。

武田：軽トラ市会場を通る皆さんの話を、耳を澄まして聞いていましたが、これはいいねとか、楽しいねと言ってくれていました。モーターショーがモビリティショーになること自体ものすごい変革ですけれども、軽トラ市も大きなチャレンジをしつつあると思っています。今回のＪＭＳ軽トラ市の特徴は三つで、まず生の軽トラ市。北は岩手県の雫石、南は宮崎県の川南まで14団体40台、地元の活気をここに持ち込んでいます。二つ目が地に足を付けたチャレンジ。お子さん向けのコトづくりとか、デジタルを使ったものとか、新しいことも含めてディーラーとメーカーでご提案しています。三つ目は手前みそですけれど、ダイハツのブースでは未来の軽トラ市のコンセプトカーを出して、移動商店街みたいなこともＶＴＲでお見せしています。スズキさんのブースでもいろいろやられていますが、メーカーも頑張るぞっていうのが出た感じがしています。

戸田：ＪＭＳ軽トラ市のテーマを一言で言うと、どうなるでしょうか。

鈴木：実物の軽トラ市の魅力を知っていただくことと、軽トラ市の将来の可能性を知っていただくことの掛け合わせです。

戸田：未来を取り入れるのは、モビリティショーらしいですね。

JMS軽トラ市は軽トラ市の未来

鈴木：自動車産業は100年に一度の大変革の波が来ていて、いわゆるCASEと呼ばれる「コネクティッド」「自動運転」「シェアリング」「電動化」に向けた動きが活発化しています。そこでは生活を支えるモビリティがどうあるべきかについても問われています。「コネクティッド」というのは、もちろん車だけでなく、世界ともつながっていきます。軽トラ市は、軽自動車を使って自分たちのまちを活性化していこうというのがスタートですが、これからは、その軽トラ市が発信基地となりながら、いろいろな軽トラ市とも繋がっていくことも考えられます。デジタルが盛んになり、もっと広がった軽トラ市の在り方ができてくるのではないでしょうか。

戸田：まさに未来の軽トラ市ということですね。

鈴木：未来、そうです。

2. 軽トラ市を結ぶ全国軽トラ市

戸田：東京モーターショーからJMSになって、車だけではなく人間生活を扱ういろいろな企業がご参加になっています。総合的なまちづくりに挑戦しているという点では、このJMS軽トラ市が先端という感じがします。ところで、12月に浜松で全国軽トラ市が開かれます。全国軽トラ市についてはいかがでしょうか。

※「第８回全国軽トラ市 in はままつ」は、２０２３年12月3日、出店１３７台、来街者６万人で盛大に開催された。

全国軽トラ市はネットワークの基点

武田：全国軽トラ市は、全国の軽トラ市が毎年集まるネットワークの基点だと思います。この基点ができることで、全国１００団体以上ある軽トラ市が繋がりだせば、軽トラ市全体の発展に繋がると思っています。

鈴木：２０２２年は、全国大会が行われた長野市篠ノ井にお邪魔し、地元のディーラーの協力も得ながら、軽トラックの貸し出しや、子ども向けイベントなどを実施しました。今年は、スズキの地元、浜松で全国軽トラ市が開催（※）されるので、できる限りの応援をしていきます。ただ、全国軽トラ市ということで盛大になりすぎると、やや心配です。継続を考えるとね。デジタルの発展もありますから、ウェブやバーチャル体験でいろいろなまちの軽トラ市を楽しめるようにして、全国的なイメージを打ち出すのも一つかと思います。規模を追いすぎず、人と人との繋がりを大切にしながら、来てよかったねというところを重点にしていくのが大事だと思っています。

戸田：人と人との対面の魅力、これがやはり一番重要ということですね。個別の軽トラ市に対しても軽自動車メーカーが支援しておられるということですが。

武田：最初に軽トラ市を支援しようと思った時に、軽自動車委員会で全国の軽トラ市の皆さんにアンケートを取りました。そこで最もやってほしいと言われたのが、告知ということでした。そこで、自工会のホームページや地元ディーラーのホームページにも軽トラ市の開催情報を載せています。意外に思ったのは店舗での告知ポスター、これが効きました。お客さんがこれを見て行ってみるとか、商売をやっているから出店してみたいとか、そういう広がりがありました。2番目の要望に盛り上げてほしいというのがあって、いろいろなイベントなどで盛り上げのお手伝いをしています。3番目が人手です。特にコロナの時は、出店店舗や来街者の誘導を含めてお手伝いしました。

3．ディーラーを軽トラ市の拠点に

武田：個別の軽トラ市の持つ、心が通うとか、ぬくもりがあるとか。これには、地域のディーラーが個々に繋がることが一番だと思っています。うちのディーラーさんの例で言うと、射的やボールプール、いろいろ面白い出店をやっています。山口県の岩国の軽トラ市では、昔縁日で型抜きってありましたよね。

戸田：ありました。針で型を抜いていくのですね。

武田：ちっちゃい子どもを連れたおばあちゃんが、昔こんなのやったのよと言いながらやっているのを見ると、ぬくもりを感じます。全国軽トラ市は、ショーケースとしていろいろな蓄積をしていきますけど、個別の軽トラ市では、人と人とのぬくもりを繋いでいくのかなと思っています。

戸田：鈴木委員長は、ずいぶんいろいろな軽トラ市に行かれていると思いますけれども。

軽トラ市のどまんなかにディーラーが移転

鈴木：そんなこともないですけど（笑）。個々の軽トラ市では、ここではこういうトライをやったよとか、こんなことやって失敗したよとか、そういう情報共有も我々のできる一つの役割かと思います。それには、運営のお手伝いという形で裏方に徹するということもあります。もちろん、我々が軽トラ市に車を持って行って触れてもらうということもあります。愛知県の新城では、軽トラ市会場のどまんなかにスズキのディーラーが移転します。軽トラ市が行われない時でも、そこへ人が集まっていろいろな情報交換ができたり、人と人との繋がりの場ができるなど、そういう協力ができたらと思っています。

戸田：期待ですね。今までそのようなディーラーの立地はなかった。メーカーだけではなく、ディーラーも変わっていくということですね。軽トラ市の中にあるディーラーというのは、モデルケースになるでしょうね。

鈴木：あの場所なら本当に軽トラ市と融合して、うまく人づきあいを作っていくことができると思います。ディーラーのスタッフにも、ここは軽トラ市とディーラーが繋がる拠点だと考えてもらえるといいなと思っています。

武田：全国が注目しています。

鈴木：昔の販売店さんは、その村や町に1軒あって、そこに人が集まってコミュニケーションが取れていたのじゃないかな。いつの間にか都市も大きくなって、ディーラーも人と人の繋がりよりも、来てくれたお客さんの対応をして車を売るだけになってきたかもしれません。昔へ戻っていくというのか、人と人の繋がりを大切にしなければいけないのではないのかと思います。

4．メーカーの垣根を超えて

戸田：人と人を繋げるディーラーって、面白いですね。ダイハツさんは、「Nibako」みたいに商品自体が人の繋がりを狙っている。

武田：軽トラに箱を積んでウイングを開ける。そこにいろいろなものを吊るして看板にもなる。設営が簡単で、積んだままで帰れるというコンセプトです。会員ウェブサイトを作りまして、出店場所を紹介したり、最初に物販をやるためのノウハウを提供したり、お客さんに出店案内もしていますが、試行錯誤です。こういう、文化を広げるということにもチャレンジして、ゆくゆくは、他のメーカーとも一緒にやりたいと思って、今実験をしています。

戸田：スズキも、移動販売事業者向けのアプリサービスをＪＭＳで提示されていましたよね。

鈴木：サービスを利用いただくことで、出店のハードルを下げていきたいと考えています。まず、軽トラ市で出店や販売の経験をしていただいて、将来的には本当にシャッター通りのお店を借りて、そこで商売をする。このサービスをきっかけに、シャッター通りを活性化して、まちづくりまで繋げていくことができるといいですよね。

戸田：たとえ月1回でも多くの人が集まると、それで商店街のマインドが変わってきます。地域の人が商店街を見る目も変わってきますから、やはり軽トラ市はとてもインパクトのある事業です。そこに自動車業界との連携が入ると魅力的ですね。自工会としての取り組みについて、補足していただけるでしょうか。

鈴木：ダイハツさんとスズキで始めた活動を、軽自動車を扱う全メーカーさんに入ってもらいながら、自工会として応援できるようになってきました。軽自動車の認知度アップも進めながら応援させていただいています。

軽トラ市で商店街のマインドが変わる

戸田：JMS軽トラ市の記者会見を拝見しました。委員長が最初お話になって、各社から発言されていて、すごく印象的でした。歴史的に考えると競合メーカーですから、競合性を超えて協調性、どういうふうに展開してきたのでしょうか。

武田：これは、私のほうが言いやすいですね（笑）。

メーカーの垣根を超えた協調を

戸田：お願いします。

武田：競争するところはもちろん競争しますけれども、スズキさんを大変信頼申し上げていまして、軽を発展させる仲間のように思わせていただいております。鈴木修相談役と鈴木社長と私ども社長の奥平（当時）との会談の際に、「これからは田舎の時代です、その田舎を活性化するのは我々の仕事ですよね」と鈴木相談役と鈴木社長からお話しいただいて、まさにその通りだと共感しました。これが私にとっての軽トラ市のスタートでした。スズキさん、ダイハツで２０１４年の雫石から全国軽トラ市に行かせていただいていましたが、もっと何かできるよねということで、軽自動車委員会に軽まつり分科会を作りまして、具体的に進むようになりました。そこからムーブメントができてきたと理解しています。

鈴木：地元の浜松を例にとると、浜松は車が生活の中心となっているので、郊外にある大型ショッピングモールへ行ったほうが駐車場もあるし便利で、どんどんまちなかの商店街の元気がなくなっている。そういう中心地域を活性化したい人たちが、軽トラ市で商売を始めてみて、実際に中心部に住んで、まちを盛り上げていく。そんなサポートをしたいと思っています。ＣＡＳＥで車同士が繋がる、あるいは道路と車が繋がる。こんな時にメーカー同士で競合している場合じゃないですよね。暮らしやすいモビリティ社会を作ろうとなると、商売のところは競争しなければいけないけれど、インフラ作りは協調していく。それを全世界に発信していくように、やっていかなければいけないと思うんです。

5．軽自動車は地域のインフラ

戸田：私の専門は都市とか地域の計画ですが、どちらかというと車というのは敵でした。車が増えるとまちは崩れていく、それぐらい車の力というのは大きかったと思うのです。水と油みたいな関係だったものを超えて、一緒になってまちを作っていくというのが車産業の未来。そういう未来設定は非常に迫力がありますね。車の未来像が都市を変える。まずは、軽トラ市も未来を示していくということになりますね。

鈴木：自工会としても「モビリティビジョン2050」というのを公表しています。モビリティが果たす役割は、移動にとどまらず、車を社会に貢献する資産として活かしていくこと、新たな機会や体験を創出すると定義しています。先生は車が敵だっていうふうに言われたけれど、都市と融合した中で使いやすいモビリティを作り上げていくということを、我々がやらなければいけない。車を道具として使っていただくというのは必要ですけれど、もっと流動性を高める、モビリティに変わっていくことが必要だと思っています。

戸田：モビリティという点からとらえていくと、都市づくり側からも敵ではない。

軽自動車は田舎のインフラ

鈴木：融合して一体化していくということですね。

戸田：そうですね。今まで交わってなかったので敵と思うけれども、交わって一緒になれれば、もっと新しいものが生み出せるということですね。軽自動車の世帯当たり保有台数を地図に落としてみると、人口密度に反比例していて、人口密度の低いところで軽自動車の保有台数が多くなっています。今まで軽自動車を地域資源とはみてきませんでした。しかし、こうみると軽自動車がどう機能できるかということは、地方にとって重要なことですね。

鈴木：本当に地方都市のほうが軽自動車の保有率が高い。軽トラックがオールマイティカーとして使われて、荷物も運べるし荷台に商品を並べられる。これがどの家にもあるのが、軽トラ市のスタートでした。

武田：全国の田舎の業販店さんを回っていると、バス路線がどんどん廃止になっているんですね。そういうところはタクシー業者も引いていくのです。本当に皆さん困っている。それを担保するのはやはり軽自動車で、ちょっと言い過ぎかもしれませんけれど、田舎のインフラになっている。そういう志で各メーカーが一緒になってやっていきたいと思っています。インフラになる以上、モノや人を運ぶだけではなくて、生活を支えなければいけない。そういうことになれば自工会の役割ですね。軽トラ市は、地域が生きるためということだと思います。これからの日本型の発展を作るには、1社でやるような世界ではないので、ぜひご一緒させていただきたいと常に思っています。

戸田：信じていいのですよね、メーカーを超えるというところ。ちょっと疑り深くてすみませんが（笑）。

鈴木：疑われてますよ（笑）。

武田：大丈夫です（笑）。

戸田：自動車産業が100年に一度の変革ということで、だからこそ協同できる。メーカー間も、それから都市のような異分野とも協同できる、ということだと思います。モビリティショーもそういう意味ですね。軽トラ市はそのシンボルだと、軽自動車委員会はとらえておられますね。

6．日本型のモビリティ社会を

鈴木：日本型のモビリティ社会を作り上げて、グローバルに発信できるようにやっていかなければいけない。自動車企業各社が知恵を出しながら作り上げていくっていうところがありますよね。日本の抱えている問題、少子高齢化だとか人口減少というような中

日本型のモビリティ社会を作り上げたい

でです。だからこそ、まちの活性化のために軽トラ市がいろいろトライしてもらって、いいものが展開できるよう、業界一体となって協力したいと思っています。

戸田：日本型のモビリティ社会を提起するのはすごく挑戦的だし、軽トラ市がまさに日本型の自動車と生活の関係を表しているという感じがします。

鈴木：人と人の繋がりをどうやって作り上げるかというのは、民族だとか国民性によって違いますよね。日本型があったり、アメリカ型があったり、地域ごと国民ごとで特色のある型があるでしょう。まず日本型を作って、これを展開していただくというのがいいと思うのです。

武田：鳥取県に赤崎ダイハツさんという弊社とお取引いただいているお店があって、若くて本当に元気がいいのです。他の周りのガソリンスタンドさんや業販店さん、例えばホンダの店、スズキの店と一緒になって、寄合組合みたいなものを作って助け合いをしている。みんな同じ小学校で育った人たちで、とにかくここを活性化したい、だから助け合おうよっていうようなことがまちづくりに活きています。これも日本型のいい社会を作るということに繋がっていくような気がします。

戸田：軽トラ市は中山間地域に多いですが、中山間地の困りごとの一つが、ガソリンスタンドがなくなっているということです。ＥＶはそういう意味からも必要かなと思っているんですが、軽トラ市とＥＶも相性がいいように思います。

鈴木：自分の家で充電して、それが軽トラ市でも使えるでしょう。ガソリンスタンドが減っていくっていうのに対しては、ＥＶって非常に便利になると思いますね。

戸田：軽トラ市では電気も困るのですよね。今回のＪＭＳ軽トラ市で私たちはスズキさんと共同で出店しているのですが、電気は三菱さんのＥＶからもらっています。

武田：書生ぽいですが、ＣＡＳＥとかＭａａＳは必ず来ます。そうすると道具としては絶対進化します。でも道具の進化だけではだめで、その道具が社会を進化させなければいけないと思うのですね。道具の進化で言えば、軽は独自の進化をするかもしれません。うちのブースでも軽ＥＶのコンセプトカーを出しています。あれは通常の軽よりも小さいけれど、電気自動車になるともっとスペース効率がよくなって、いろいろな形に組み替えられることができるような気がします。そうすると軽はすごく役に立ちますよね。これも1社では無理で、各メーカーと一緒にやっていきたいと思っています。

戸田：地域展開は、いろいろなメーカーが一緒にできるということですね。

武田：「Nibako」の議論で、給電専用車を作ってほしいと言われるんです。

戸田：なるほどね。給電専用車の話が出ましたが。

鈴木：再生可能エネルギーの太陽光発電は昼間しか充電できないから、夜間に電気を使うための充電器として車を使うっていうのはありますよね。単なる充電器ではなくて、モビリティとしての役割も担っていて移動できる。いざという時は、そこから給電する非常に便利な役割があると思います。軽トラ市で、そういう車をうまく使いながらやっていくのもありますよね。

戸田：実験的軽トラ市ということでしょうか。そうなってくると、軽自動車の開発と軽トラ市の関係もあるのでしょうか。

鈴木：そこにあわせて、使いやすいモビリティを開発していくというのを、我々はやっていかないといけない。使いやすくなれば、もっと使ってもらえるし、ユーザーも広がっていくのではないのかな。

武田：もともと軽自動車って生活に密着していて、商売に密着していて、これからもそうだと思うのです。軽トラ市でも、こうしてほしいとどんどん言ってください。僕ら、一生懸命聞きます。まさに暮らしと開発は一体だと思います。

7．軽自動車開発の特性と軽トラ市

戸田：軽トラ市を回らせていただいて、そこでご年配の農家さんから、昔のリンゴ箱のサイズと軽トラの荷台の寸法の関係の話を聞きまして、そういうことがあるんだと思いました。こうしたことは、未来に向けてもあるのでしょうね。

鈴木：あります、あります。うちはリンゴ箱が何個しか積めないのに、ダイハツさんはこれだけ積めるじゃないかとか。ミカン箱だとうちが勝ってるけど、とかね（笑）。本当に、そうやって軽トラックは進歩してきたんですよね。農家中心に声を聞いてきたように、軽トラ市での声も聞かせていただきたいと思いますよ。

武田：軽バンなんかはずっと負けていてですね。スズキさんに比べて、ここに箱が1つ入らないのだとか、現場で言われるんですよ（笑）。それともう一つ、軽を作る発想というのはあるような気がしています。登録車を作る発想と、軽を作る発想というのはちょっと違っています。

軽を作る発想は普通車とは違う

戸田：登録車は、普通車ですね。

武田：そうです、普通車です。夢から発想する普通車と、小さくて、いかにお客さまを豊かにできるかを突き詰めていく軽の発想。それを発展することが、日本型にもつながっていくという気がしますね。

戸田：日本型の自動車と社会の姿が、今日のキーワードですね。軽トラ市でよく聞かれるのが、なんで軽なんですかということです。別に軽でなくても、軽トラ市じゃなくてもいいのではないのかという。これについては、鈴木修相談役がずっと言われている、まちのサイズに軽のサイズが合っているということが、まずありますよね。二つ目は、地域に浸透しているということ。三つ目が未来に向けての車ではないでしょうか。環境面、デジタル化を推し進めると、車は小型になる。私は適正小型化だと思うのですけれど、70数年作ってきた軽自動車の寸法は、未来の車にとって意味がある、素人的にそのようなことを思っていますけれど、どうでしょうか。

鈴木：道具感として、すごくいいサイズだと思いますね。

戸田：いろいろな歴史を経て、この形になっていますよね。

鈴木：そうですね。外形の寸法が決まってたというのが、一番大きいのではないのかな。登録車だと、積めないものがあっても大きくするという逃げ道がありますけど、軽は知恵出しが必要で、使える道具として進歩してきたところがあります。車は道具であって、主張するものではなくなってきているのかなとも思います。

戸田：昔はデートするには車がいると考えたけれど、そういう考えの車というのはなくなってきているのかもしれません。それが、若い人の車離れにつながる。

鈴木：昔は、見せびらかしたいというのがありましたけれど、今の若い人たちは生まれた時から車があるので、そういうことよりも、道具として使いやすいものを追い求めるというのもあるでしょう。

戸田：そうですね。道具だから自分たちでも手を加えたい。軽トラックは開かれたデザインで、作り込みができますよね。軽トラを飾り付けたりモニター置いたり、自分たちが使いやすいように変えられる。私たちのゼミでもそうしています。だから、車を作ったり装備を作ったりしている人たちが学生の話を真剣に聞いてくれる。現場で使うことを求めているのがすごくあるし、若い人が何かやろうということを受け止めてくれる。そういうことが軽トラ市という場の中で起こっているし、若い人との接点にもなる。そうすると、軽トラ市は、軽自動車と社会の新しい接点だし、可能性があると感じます。軽トラ市は、大都市部でも軽トラ市に若い人がもっと来るのではないでしょうか。

軽トラ市は軽自動車と社会の新しい接点

武田：若い人の車離れはもう何十年も言われていますが、自分の生活を豊かにするためのものとなると必要なんですよね。例えば素を極めた車があって、自分でデコレーションできたり、ライフステージに合わせて変えることができる。それから、素を極めて作った軽トラは本当にかわいいんです。

face to face が必要

戸田：軽の顔がかわいいというのはありますよね。ヨーロッパに軽自動車はないけれど、かわいいから向こうのマルシェに出ればすごく人気が出ると言っている人がいます。デザイン的に見て、極められたものは世界的に訴求力があるのですね。

鈴木：ここまでお話をしていて、やはり軽に決まったサイズがあったからよかった。サイズが決まった中で育てられたから、道具として極められたと思います。

8．デジタルとリアルを繋ぐ軽トラ市

戸田：一つ気になるのが、バーチャルがずっと進んでしまうと、実空間がなくなってしまうという懸念です。モバイルを担ってきた自動車企業から見て、デジタルが出てくるということと、リアルな空間を守るということについては、どのようにお考えなのでしょうか。

鈴木：デジタルがこれだけ発展したら、移動なんかしなくていいのではないか、自動車もいらなくなるのだろう、リニア新幹線だっていらないのではないかと思うところもありました。しかし、コロナを経験して思うのは、会議もウェブで参加すればいいとか、出社しなくていいという対応もできるようになった、便利だけれどやはり face to face が必要だよねというところです。どちらか一方に行ってしまうのではなく、うまく融合させるのが解だと思います。デジタル技術を使いながら、全国の軽トラ市が繋がれば、

地方を活性化する効果も大きいですよね。

戸田：リアルとデジタルを繋ぐ軽トラ市ですね。

鈴木：あると思いますね。

戸田：そろそろまとめに入りたいと思います。

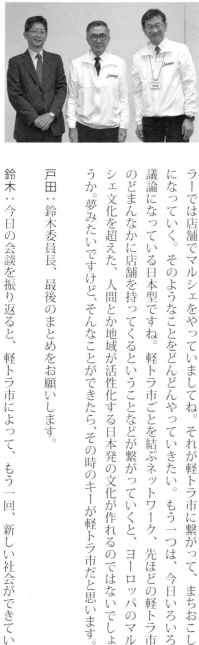

武田：軽トラ市を飛び越えるかもしれませんが、まとめということで二つあります。一つは使命感です。地域を活性化していく使命感だと思うんです。ダイハツの各地のディーラーでは店舗でマルシェをやっていましてね。それが軽トラ市に繋がって、まちおこしになっていく。そのようなことをどんどんやっていきたい。もう一つは、今日いろいろ議論になっている日本型ですね。軽トラ市ごとを結ぶネットワーク、先ほどの軽トラ市のどまんなかに店舗を持ってくるということなどが繋がっていくと、ヨーロッパのマルシェ文化を超えた、人間とか地域が活性化する日本発の文化が作れるのではないでしょうか。夢みたいですけど、そんなことができたら、その時のキーが軽トラ市だと思います。

軽トラ市は日本型モビリティ社会のまちづくり

戸田：鈴木委員長、最後のまとめをお願いします。

鈴木：今日の会談を振り返ると、軽トラ市によって、もう一回、新しい社会ができていくのではないのかなと感じます。そこに少しでもお役に立てればありがたいと思いました。微力ではありますけども、自工会としてもしっかりと軽トラ市をサポートしていきたいと思いますし、新しい技術をうまく使いながら、軽トラ市をいかに発展させるかというところに知恵を絞っていきます。それぞれの軽トラ市を運営されている方々の知恵をお借りすれば、本当に日本型モビリティ社会のまちづくりができると改めて思いました。これからも自工会として、しっかりと応援していきたいと思います。

戸田：どうもありがとうございました。

第６章
軽トラ市の展望

６－１ まちが活きる可動商店街

６－２ 軽トラ市の特徴と展望

軽トラ市の魅力（第１章）、全国に広がる軽トラ市（第２章）、仕掛け人が語る軽トラ市（第３章）、軽トラ市で繋がる人々（第４章）、軽自動車企業からみた軽トラ市（第５章）と、軽トラ市の実態と軽トラ市への期待を紹介してきました。最後に、まちが活きる可動商店街としての軽トラ市の展望を考えてみます。

6－1　まちが活きる可動商店街

ここまで各章を通して、軽トラ市の実態と軽トラ市への期待を紹介してきました。少し振り返ってみましょう。第1章では、自動車業界のレジェンドである鈴木修さんに、軽トラ市の魅力を語っていただきました。「軽トラ市の最高の商品は、人と人との交流」は、軽トラ市の本質です。そして第2章では、愛知大学の調査に基づいて、なぜ軽トラ市なのか、全国に広がっている軽トラ市の特徴、それらの軽トラ市がネットワーク化していること、その背景にある軽トラ市の広がり方、軽トラ市を支える運営者の特徴を紹介しました。第3章は軽トラ市運営者の深掘りです。全国の軽トラ市を牽引している三大軽トラ市の仕掛け人である、雫石軽トラ市の相澤さん、川南軽トラ市の宮崎さん、市来原さん、井尻さん、新城軽トラ市の森さんに、各軽トラ市のスタートから現在までを語っていただきました。軽トラ市とそのネットワークの基礎部分が良く分かります。続く第4章は、三大軽トラ市の一つ、新城軽トラ市での愛知大学の調査結果です。軽トラ市で繋がる人々つまり出店者、来街者、商店街の方々の特性、そして軽トラ市最大の障害であったコロナ禍での戦いを紹介しました。第5章は、軽自動車企業からみた軽トラ市をテーマに、日本自動車工業会軽自動車委員会の委員長鈴木俊宏さん、委員武田裕介さんとの対談でした。日本型のモビリティ社会など軽自動車と軽トラ市の未来が語られました。

本書のサブタイトルは「まちが活きる可動商店街」ですが、確かに軽トラ市は今あるまちの空間と人が活きる可動商店街です。軽トラ市は物を売るだけではなく、まちに活気をつくり、人と人を繋いでいることをお感じいただけたでしょうか。勿論、全てが達成されているというのではなく、その可能性を大いに有しているということです。そこで、軽トラ市のこれからを展望しておきたいと思います。

6‐2　軽トラ市の特徴と展望

さて、第1章から第5章までを振り返って、軽トラ市ならではの特徴は何だったでしょう。それは、次の3つにまとめることができるでしょう。第1は、人の繋がりの交差点であることです。まちづくりは人づくりと言われますが、軽トラ市を運営する地域の方々や出店者の皆さん、そして来街者の方々との人間的な繋がりの交差点だということです。第2の特徴は、各軽トラ市が個別に存在しているだけではなく、新しい軽トラ市がスタートする時点から先行する軽トラ市の経験を共有し、それが全国的なネットワークを機能させせているということです。そして第3の特徴は、軽自動車業界との価値観の共有です。巨大な産業とまちづくりとが価値観を共有し、連動する例はそうありません。自動車産業が大変革期にあることが背景にありますが、相互がｗｉｎ‐ｗｉｎな関係を作り得る、得難い組み合わせであろうと思います。この3つの特徴を発展させることによって、まちがさらに活きる可動商店街となるのではないでしょうか。軽トラ市は、今も全国で進展し続けているものですが、この3つのポイントから現時点での将来展望を考えてみましょう。

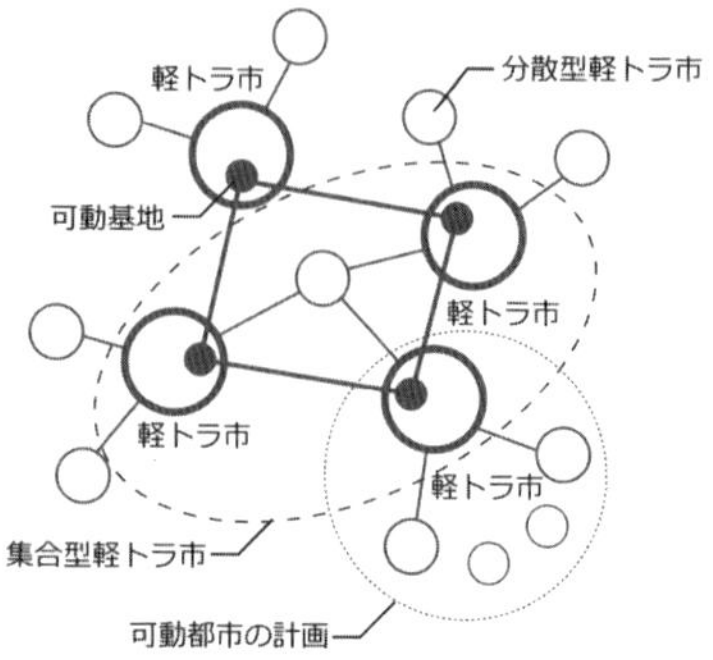

図 軽トラ市多層ネットワーク

○軽トラ市がつくる越境コミュニティ

まず第1の人の繋がりですが、様々なコミュニティの境を越えて人と人が繋がることが魅力です。軽トラ市という現場で、これらの人たちが出会う越境コミュニティが重要と言えます。個別軽トラ市の運営は地域コミュニティの越境の場ですし、各軽トラ市を越えた全国運営者のコミュニティがあります。軽団連ですね。このネットワークがなければ、行くこともない地域、会うこともない人たちだ、という感想を聞きます。そうした人たちが距離を越えて繋がるのです。

出店者のコミュニティも重要です。軽トラ市には、商業もあれば教育や福祉のような非商業もありますから、ＳＤＧｓ（持続可能な開発目標）の理念である、「だれ一人取り残されない」場となる試みも大切です。そして、従来のまちづくりからみれば異分野であった自動車産業のコミュニティも越境の対象です。新城軽トラ市で言えば、軽トラ市会場内に設けられたディーラーの役割は挑戦的です。軽自動車を主に扱うディーラーとして、スズキ・ダイハツの合計では全国約１６００店ですし、ディーラーと販売契約を結んだ取扱店（業販店）は7万店と言われています。たとえ、軽トラ市会場内でなくとも、そこから繋がるコミュニティの広がりは大きいですね。軽トラ市当日はもちろんですが、これまでも軽トラ市に関連して実に様々な人々に出会ってきました。境を越えて人々が繋がる越境コミュニティから軽トラ市の新しい展開が生まれます。

○軽トラ市の多層ネットワーク

第2は、軽トラ市のネットワークです。これは上図を見ていただくと分かりやすいと思います。各章に記してきたことをまとめたもので、軽トラ市の多層ネットワークと言えます。具体的には3段階のネットワークが考えられます。まずは、集合型軽トラ市で複数の軽トラ市が合同で行うものです。全国軽トラ市やジャパンモビリティショーが先行していますね。三遠南信地域の例を紹介しましたが、比較的近隣の軽トラ市連携も今後重要でしょう。一方、機能を特化した集合型軽トラ市も考えられます。以前は各自治体がアンテナショップを東京に置きましたが、設置経費の増大等から近年はネット利用への移行が進んでいます。しかし地域ブランドとなる実物の魅力、そして地域の人が直接伝える魅力には代え難いものがあるでしょう。各地の地域ブランドを紹介する軽トラックが集合する軽トラ市は、さながら日本まるごと軽トラ市です。これも集合型の新しい形となるかもしれません。

続いては、個別の軽トラ市から数台が分かれて出店する分散型軽トラ市です。現在の移動販売を強化した小型軽トラ市とも言えます。まずは人口の少ない中山間部への展開があります。一方、都市部においても独居高齢者の増大は自明のことです。こうした軽トラ市によって、楽しみを持って家から出て他の人たちと出会う機会ともなりますね。分散型軽トラ市と個別地区とのマッチング、これまでの移動販売やキッチンカーとの連携など、その地域全体のデザインは可動都市の計画です。これは、自治体の出番ですね。

最後に可動基地です。これは軽トラ市に新しい機能を生み出す実験空間で、我々のゼミ活動でも行ってきたことです。若者を引き込む仕組みや福祉のような社会的な活動、新しい軽自動車開発との連携など、可動商店街での挑戦部分になります。これを大学、高校などの教育機関が担うことが興味深いです。全国に軽トラ市があるので、可動基地相互のネットワーク化も有益だと思います。

○固定・可動・仮想の地域ベストミックス

第3が軽トラ市と軽自動車業界との価値観の共有です。ここから、冒頭に記した固定のまち・可動のまち・仮想のまちの地域ベストミックスが考えられるのではないかと感じています。固定のまち・可動のまち・仮想のまちのミックスは、大都市、地方都市、過疎地によってその重点が変わってくるでしょう。当面、可動のまちが主軸となるのは過疎地で、都市規模が上がるにつれて、固定のまちの補完的機能になると思われますが、これらは今後の検討になります。

同時に考えなければならないのは、固定・可動・仮想が相反するのではなく、3者の利点が活きるように考えることです。そこで可動と固定、可動と仮想の連動について、軽トラ市での考えを少し記しておきます。まず、固定商店街との連動です。これには、軽トラ市に適合した商店街の設計があります。電気や水を提供する道路や保管のための空きスペースの利用などが当面の課題ですが、自動車とまちの一体化は第5章にもあるように、軽自動車の開発とも関係してくるでしょう。自動車が人や物を動かすだけではなく、まちという空間を動かすという発想からの展開になります。もう1点は出店者から固定店舗へということです。軽トラ市が新しいビジネスの一段階になっていることは間違いがないのですが、もう一歩、そのビジネスが固定商店街に結びつくことができればと思います。その点において様々なビジネスを展開する自動車企業との経験共有が重要に思えます。

次に、可動と仮想との連動です。学生と話すと一挙にバーチャル商店街となります。メタバース軽トラ市も実験としては挑戦的で、案外早く動くかもしれません。一方、着実なデジタル化対応があります。軽トラ市について共同研究を行っているスズキ㈱の事例では、軽トラ市をLINE上に展開して、出店店舗への注文や既存商店街の店舗を同時に紹介する実験が行われています。また、個別の出店者に対する移動販売用の経営アプリ開発なども進められています。デジタルの仕組みは、一つが完成すると横展開が期待できるので、広がる可能性がありますね。また、ゼミで行ってきた複数の軽トラ市を中継で結ぶことで双方の魅力を高めることもデジタル化の一環と言えるでしょう。２０２２年12月に三遠南信地域の軽トラ市出店者約５００を対象としたアンケートでは、軽トラ市でのＩＣＴ利用について研修を求める回答が5割ありました。既に個別軽トラ市の運営に軽自動車企業の社員がサポートに出向いている例も出ており、これらの技術的な支援も重要になるでしょう。特に、軽自動車企業とまちづくりという新たな展開を考えれば、メーカーの枠を超えた取り組みが一層進展することを期待したいと思います。

軽トラ市ならではの3点の特徴から将来を展望してみました。本書では触れられませんでしたが、軽トラ市に取り組みやすくするマニュアル化も軽自動車企業などで進められています。こうした取り組みが進展して、現在、全国に１００~２００の軽トラ市が１０００程度、つまり全国商店街数の1割に近づけば、日本の地方が随分変わると思います。

本章を執筆している2024年1月1日に能登半島地震が起こりました。能登半島に居住しておられる市民の皆さんの生活維持と復興を強く願わざるを得ません。可動商店街は、現在のまちが活きるとともに、災害という非常時に対しても有効性を持つことが考えられます。勿論、そのための実験と訓練を積まねばなりませんが、災害と共に生きねばならない我が国にとって、こうした視点は欠くことの出来ないことと言えます。

おわりに

おわりに

新城軽トラ市に出会ってから10年ほどになりますが、その間、新城を中心に全国の軽トラ市から学び、また軽自動車企業の方々とも議論や実験を進めてきました。こうした機会に出会えたことは、大変幸運であったと思います。特に、コロナ禍で力を失うかと思われた中でも、軽トラ市が継続し続ける場に参加できたことは得難い経験でした。翻って、我が国の人口減少は解決の糸口がなかなか見出せません。特に地方の町々では深刻と言わざるを得ない状況です。こうした現状に対して、軽トラ市から新たな展開が開かれることを期待したいと思います。また、固定・可動・仮想の地域ベストミックスなど、生煮えの仮説を提示しましたが、今後の議論への端緒と受け止めていただき、ご感想をいただければ有難いことです。本書では軽トラ市の実態と期待を述べてきました。不十分なところが多いのですが、少しでも軽トラ市の魅力と可能性が伝われば幸いです。付録に案内がありますので、軽トラ市の実物を見にいっていただき、その魅力を味わっていただきたいと思います。

本書を作成するにあたっては、多くの方々のご協力を得てきました。まず調査研究のフィールドを提供してくださった新城軽トラ市の皆さんには、長期間にわたり様々なご協力とご支援を得てきました。リーダーの森さん、サブリーダーの三輪さん、ご意見番の安彦さんをはじめとする皆さんに厚く御礼を申し上げます。そして、本書にもご登場いただきました、相澤さんをはじめとする雫石軽トラ市の皆さん、宮崎さんを筆頭とする川南軽トラ市の皆さんにもご協力を得てきました。近隣の磐田、掛川、浜松の軽トラ市の皆さん、篠ノ井軽トラ市の皆さん、なんぶ軽トラ市の皆さんからも多くの知見を得てきました。また軽自動車企業であるスズキ㈱やダイハツ工業㈱の皆さん、特に両企業トップの方々にご参画いただき、本書の議論に大変厚みを加えていただきました。厚く御礼を申し上げます。

軽トラ市に関する調査研究面では愛知大学三遠南信地域連携研究センターの皆さん、特に直接軽トラ市研究をサポートしてくれた歴代の研究助教である小川勇樹さん、徐非凡さん、研究員であった小澤高義さん、森本啓吾さん、鈴木良尚さんの協力に感謝します。そして、軽トラ市に関する諸活動や調査に参加した戸田ゼミナールの皆さん、一人一人の名前を本書に挙げることはできませんでしたが、この研究活動を通して得た経験や知識が各々の生き方に活かされていれば大変うれしいことです。

また、本書の第2章、第4章は、(一社）全国軽自動車協会連合会の機関誌「軽自動車情報」での19回にわたる連載を再構成したものです。快く許可をいただいた全国軽自動車協会連合会に感謝いたします。最後に、編者の様々な要望に対応してもらった共同執筆者の内山志保さん、鈴木伴季さん、多様な作業に当たってもらった河合博子さん、梶原純子さんに感謝します。そして、本書の企画から完成に至るまで協働していただいた㈱交文社の小林英世社長に感謝申し上げます。

２０２４年４月１日　戸田敏行

付録
軽トラ市を始めたい方に

1）軽トラ市運営のアウトライン

2）主要軽トラ市リスト

ここまで本書をお読みいただいて、軽トラ市を始めてみたいと感じてくださった皆さんへの情報です。まず、軽トラ市を始めるための軽トラ市運営のアウトラインを、そして、軽トラ市を見にいくために主要な軽トラ市の概要をご紹介します。軽トラ市をより身近な出来事ととらえていただきたいと願います。

1) 軽トラ市運営のアウトライン

あなたの住むまちの近くでも軽トラ市が開催されているかもしれません。ぜひ、探してみてください。もし、見つからなかったら、あなたが新しい軽トラ市をはじめるチャンスかもしれません。ここでは、主に「しんしろ軽トラ市のんほいルロット」をモデルに、他の軽トラ市の事例も交えながら、軽トラ市を開催するまでの大まかな流れをご紹介します。また、愛知大学地域政策学部戸田ゼミが、実際の軽トラ市会場に通って教えていただいたり、気がついたことを「ゼミ調査メモ」として記載しました。あなたのまちに合ったやり方を見つけるための参考にしてください。

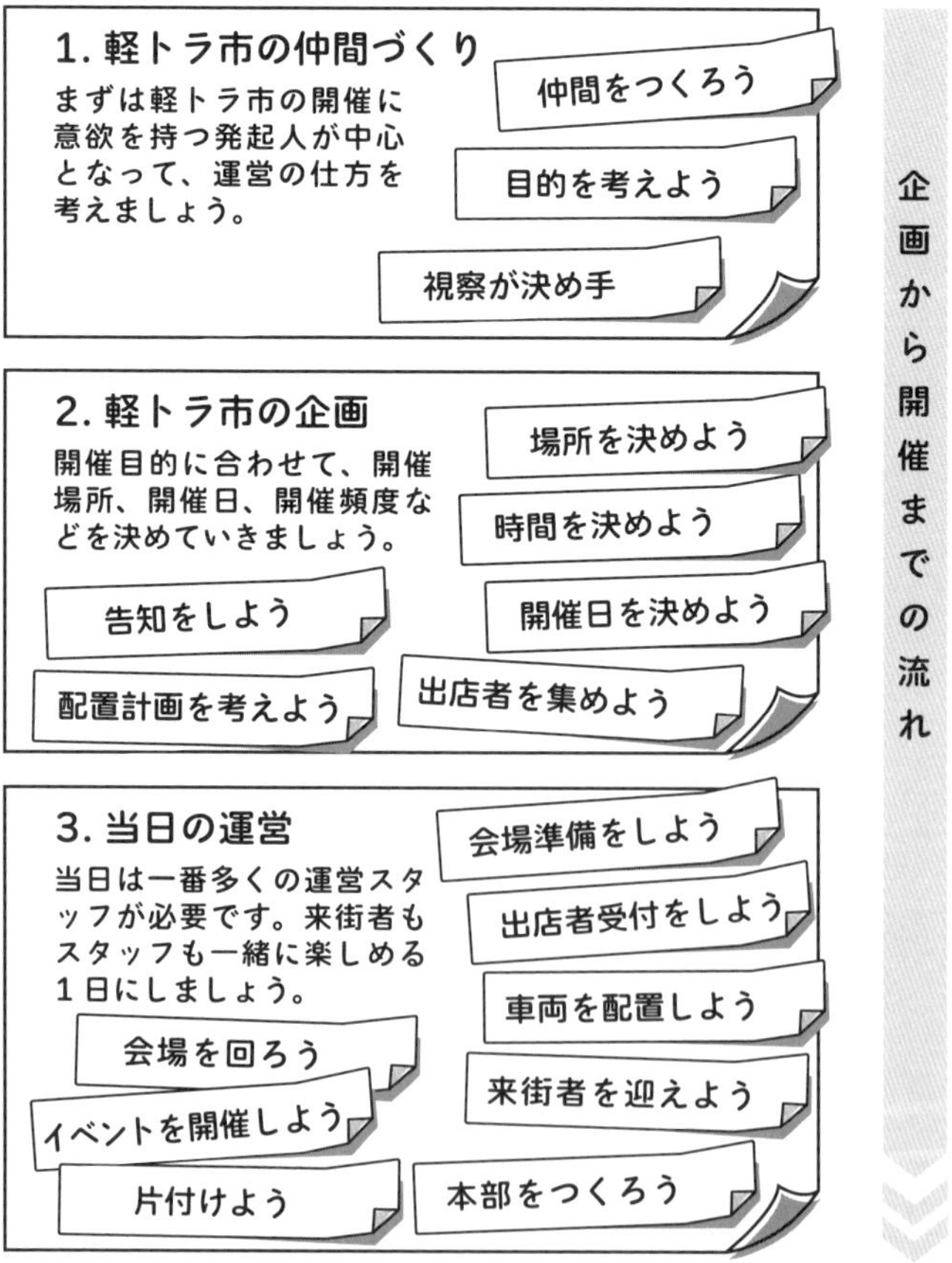

企画から開催までの流れ
1. 軽トラ市の仲間づくり
まずは軽トラ市の開催に意欲を持つ発起人が中心となって、運営の仕方を考えましょう。
仲間をつくろう
目的を考えよう
視察が決め手
2. 軽トラ市の企画
開催目的に合わせて、開催場所、開催日、開催頻度などを決めていきましょう。
場所を決めよう
時間を決めよう
開催日を決めよう
告知をしよう
配置計画を考えよう
出店者を集めよう
3. 当日の運営
当日は一番多くの運営スタッフが必要です。来街者もスタッフも一緒に楽しめる1日にしましょう。
会場準備をしよう
出店者受付をしよう
車両を配置しよう
会場を回ろう
来街者を迎えよう
イベントを開催しよう
片付けよう
本部をつくろう

1．軽トラ市の仲間づくり

仲間をつくろう

軽トラ市の運営にあたるのは、有志の市民グループから、商店街組合、商工会、自治体など様々です。軽トラ市を継続して実施するには、出店者、会場の管理者、近隣住民など、様々な人との連絡調整や、書類作成、広報など、事務作業も発生します。定期開催するには、日常の電話応対や、郵便物の受け取りなどの問合せ窓口も必要ですね。

三大軽トラ市では、商工会職員が事務をサポートしています。市民が中心となって実行委員会などの任意団体を組織する場合でも、商工会などの地域組織からの協力が得られると安心です。気軽に実施できる自由さと、組織的な安定性の両方を持つことが、持続的な活動の秘訣のようです。

ゼミ調査メモ

当日だけお手伝いするなど、好きな関わり方を選択できる。
仲の良い仲間が中核になっていて、会議や作業をしている時も、冗談を言い合って楽しそう。

目的を考えよう

軽トラ市を運営する上で、様々な判断が必要になります。その時に判断基準となるのが開催目的です。仲間の間で目的を共有しておきましょう。

視察が決め手

軽トラ市開催の機運を高め、理解と協力を得るために、仲間で視察に行くことが有効です。視察に参加することで、運営者から直接様々なノウハウを聞くことができます。人々の笑顔があふれる会場を見ることで、きっと自分たちの地域でもやってみたくなるはずです。

愛知大学地域政策学部戸田ゼミによる調査。

視察応対の様子（元祖しずくいし軽トラ市）。

2. 軽トラ市の企画

場所を決めよう

どこを会場にするかによって、開催の条件が大きく変わるため、開催場所の選定は重要です。中心市街地の活性化を目的としている三大軽トラ市は、既存商店街との相乗効果をねらって、商店街の道路上で開催しています。道路のほかには、広場、道の駅、公共施設の駐車場、お寺の境内など、地域によって様々な場所で開催されています（第2章参照）。

道路上での開催は、自治体や警察の許可が必要になるなど、難易度は高いですが（第3章参照）、開催のしやすさだけで場所を選定すると、目的から離れてしまうかもしれません。メイン会場は道路としつつ、道路に面した駐車場や空き地、神社境内などを、イベント会場、休憩スペースとして活用する、複合型もみられます。開催場所による雰囲気の違い、メリット、デメリットがありますので、いろいろな場所で開催される軽トラ市の視察に行かれることをおすすめします。

中心市街地を通行止めにして、道路上で開催される軽トラ市（みんなで軽トラ市いわた☆駅前楽市）。

新駅開業に伴った新しいまちづくりの動きとして駅前の空き地で開催される軽トラ市（みくりや軽トラ市）。

時間を決めよう

朝市として開催される場合が多いですが、開催時間は目的や地域性に合わせて様々です。あまり短すぎると出店者が十分な売上げを確保できませんし、長すぎても、出店者にとっても運営スタッフにとっても負担になってしまいます。出店者の意見も取り入れながら、9時から12時、8時から11時など3時間から4時間の開催にしているところが多いようです。

農家の方が仕事前に出店できるように、早朝5時から開催（なんぶ軽トラ市）。

開催日を決めよう

週に1回から年に1回まで様々です（第2章参照）。頻度が少ない場合はイベント的で、頻度が多い場合は、常連客を中心とした日常の交流の場になっています。まちづくりの観点からは、定期開催にすることが重要ですね。三大軽トラ市はいずれも月に1回の開催です。近隣で軽トラ市が開催されている場合は、出店者や来街者の確保の点で、開催日をずらす工夫も必要です。

定期開催が地域に浸透すると、通行止めによる混乱も少なくなる（「定期朝市」トロントロン軽トラ市）。

ゼミ調査メモ

原則、雨天決行にすることで、開催か中止かの判断や告知の手間を省いている。
雨の日には、出店してくれた出店者へ御礼を言っていた。

出店者を集めよう

開催概要が決まったら、募集要項を作成して、出店者を募集しましょう。募集要項には、車両の規定などの注意事項や、販売禁止品目などの出店ルールを記載しましょう。食品を扱う出店者は、食品衛生法に基づく営業許可が必要です。露店営業での調理、販売が禁止されている品目もあります。新規に営業を始める出店者には、保健所とよく相談するようにお願いしましょう。火気使用については消防署の指導に従う必要があります。三大軽トラ市の視察に参加すると、詳しいアドバイスや、募集要項のひな形を紹介してもらうことができます。

　どのような出店者が集まるかが、各軽トラ市の個性になります。ホームページや新聞などのメディアを利用して呼びかけるだけでなく、知り合いや地元の商業者へも声掛けし、魅力的な出店者を集めましょう。

ゼミ調査メモ

会場で隣り同士の出店者が、出店場所についての情報交換をしていた。
出店者からの紹介で出店者が集まることもあるそうだ。

告知をしよう

「みんなで軽トラ市 いわた☆駅前楽市」の開催告知チラシ。公式LINEも開設している。

開催が決まったら告知をしましょう。ホームページやSNSなどを使うほか、新聞に有料の告知記事を掲載することもできます。どんな人に来て欲しいかによって、告知の方法や範囲も変わりますね。

　道路を会場にする場合は、通行止めに関する事前告知も必要です。通行止め区間の住民には、車両の出し入れができなくなることについて確実に理解を得ておきましょう。

交通規制予告看板は事前に設置（元祖しずくいし軽トラ市）。

配置計画を考えよう

出店者の会場配置計画をしましょう。軽自動車の規格寸法は、長さが3・4m以下、幅が1・48m以下なので、1出店者当たり7m×2m程度の区画が良いようです。商店街で開催する場合は、固定店舗の店先をふさいだり、販売品目が重複したりしないように気をつけて配置計画を行います。煙や匂い、音の発生する出店者も事前に把握するといいでしょう。出店者同士のトラブル防止になると同時に、音や匂いを効果的に活かして、集客効果をアップすることもできますね。

配置計画は、毎回変える場合と、原則固定する場合があり、試行錯誤の上で各軽トラ市がそれぞれのスタイルに行きついたようです。配置計画によって各店舗の売上げや、来街者の満足度、運営スタッフの手間も変わりますので、各軽トラ市の戦略が発揮されるところでもありますね。

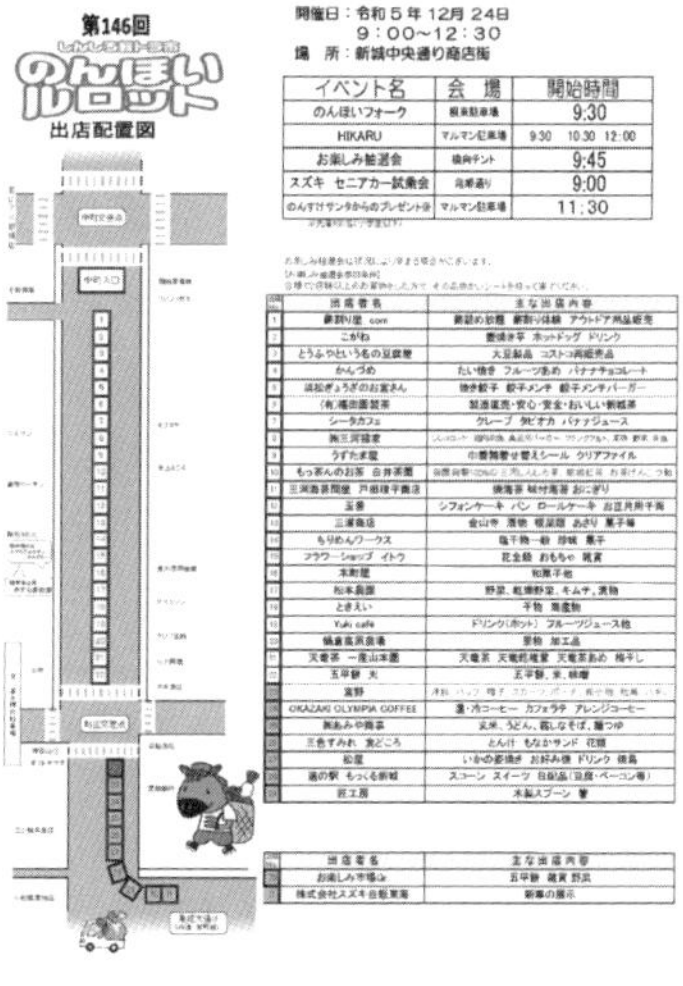

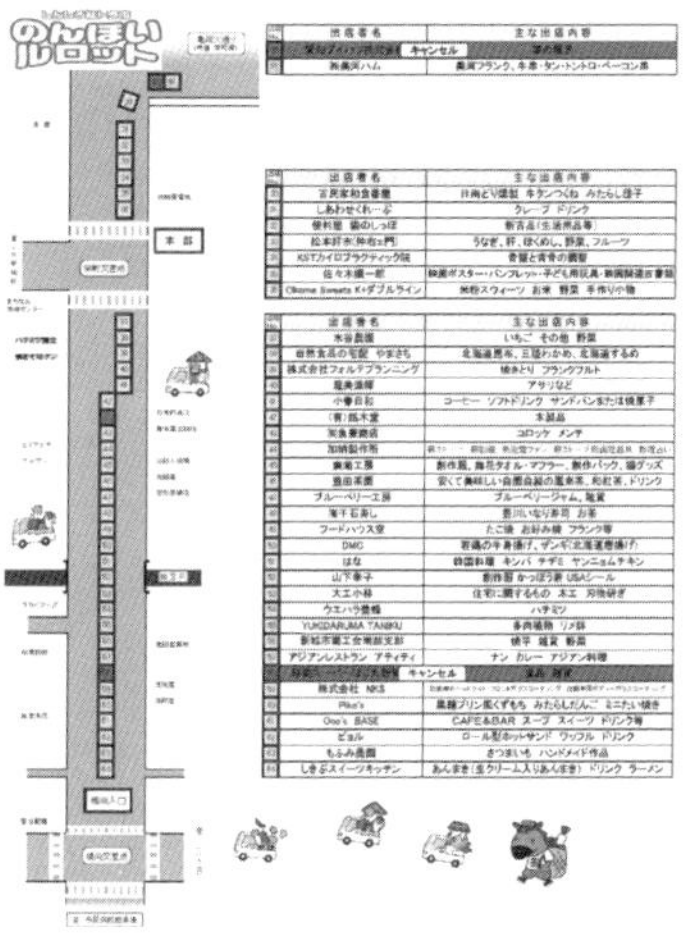

しんしろ軽トラ市のんほいルロットの出店配置図。事前にインターネットで公開することで、来街者はお目当ての出店者が出店しているか、どこに出店しているかをチェックすることができる。

ゼミ調査メモ

配置を固定すると、隣りの出店者や、商店街の店主と仲良くなるようだ。
新城の配置は開催３週間程前のワーキング会議で決め、３か月ごとに大きく変えていた。

3. 当日の運営

会場準備をしよう

当日の朝は、スタッフ朝礼を行い、各自の役割や注意事項の確認をします。

会場近くに受付のテントや長机、通行止めに使用するバリケードや看板などの保管場所が確保できない場合は、使用場所付近までの移動を前日のうちに済ませておくと良いでしょう。

固定店舗の敷地を借りて、前日のうちに備品をまとめて置いておく。

軽トラ市開始１時間前、通行止め開始 30 分前の午前８時に本部で朝礼を実施。

出店者受付をしよう

出店車両をいったん会場近くの駐車場に集めて受付をします。規模が小さい場合など、必ずしも一か所に集合する必要はありませんが、対面で受付をすることは重要な意味があります。風が強い日はテントの固定に気をつけてもらうなど、その日の注意事項を伝えたり、出店者からの声を聞いたりします。効率性だけを考えず、運営者と出店者がコミュニケーションするための機会を作りましょう。

集合場所に集まった出店車両。ここから会場配置順に一列になって、会場の道路まで移動していく。

車両に添付する出店者番号マグネット。

車両を配置しよう

会場に車両を配置する際に一番気をつけることは、歩行者の安全です。道路での開催の場合は、通行止め開始前に、会場から一般車両が完全に退出したことを確認しましょう。通行止めが開始されると、道路上を歩行者が歩きます。出店車両を会場に進入させる前には、会場アナウンスとスタッフの巡回によって、歩行者に注意を促し、車両の進入経路に歩行者が入り込まないように注意しましょう。

出店者が多い場合や、定期的に配置計画が変わる場合は、道路上に出店場所を示す目印が必要です。

1列で入場する出店車両。新城では約70台が2か所から分かれて入場する。

正しい位置に車両を配置できるように、スタッフによる誘導を行いましょう。先頭がずれてしまうと、後続もそれに従ってしまいますので、特に先頭車両は注意して誘導する必要がありますね。

出店者によって、車体の右側、左側のどちらを売り場とするか決まっている場合があります。会場で他の出店者が出店準備を始めてから車両を動かすのは危険ですので、なるべく会場での車両の移動や方向転換の必要がないように、しっかりと配置計画、車両誘導計画を考えましょう。

道路脇に廃タイヤを利用して作成した車両配置番号を設置している。

来街者を迎えよう

開始時刻になったら来街者受付を開始します。受付では会場配置図の配布のほか、イベントとして抽選券や来街者プレゼントを配布することもあります。受付周辺も運営スタッフと来街者が挨拶を交わす、交流場所になっています。

来街者数は運営者にとっても、出店者にとっても、今後のために参考にしたい数字です。厳密なカウントはできませんが、主要な入口でカウントすると良いでしょう。機械を導入することもできますが、地域のボランティアの手を借りて行うこともできます。

来街者カウントをする地域住民（上）、地元中学生（下）。

本部をつくろう

会場内に本部を設けて、様々な来街者、出店者の対応をします。軽トラ市オリジナルグッズの販売や、お買い物に使える来街者ポイントの付与、手荷物預かりや台車の貸出サービスなどを行っている軽トラ市もあります。出店者アンケートの回収や、次回出店の申し込み受付と集金も本部で行います。

来街者用トイレの設置は必須ですが、急病人が出たり、日本語の分からない外国の方が来られることもあります。規模に応じて様々な対応が必要になりますね。

会場中央の固定店舗を借りて本部スタッフを配置し、様々な対応を行っている。

会場内にテントを設置して本部とすることもできる（元祖しずくいし軽トラ市）。

会場を回ろう

開催時間中は会場内を見回って、来街者が軽トラ市を楽しんでいる様子を確認したり、出店者とコミュニケーションをとったりしましょう。特に新規の出店者には、販売状況を聞くなど積極的に声掛けをして、分からないことや困ったことを相談できる機会を作りましょう。また、販売品目が届け出と一致しているか、販売禁止品目の販売が行われていないか、車両やテントに危険な状況がないかなどを確認することも重要です。販売状況を見て、次回の配置計画の参考にすることもあります。

ゴミやタバコのポイ捨て、自転車の走行など、他の来街者の迷惑になる行為が行われていないか、来街者のマナーにも目を配ります。

運営スタッフは常に会場内を巡回し、出店者に声掛けしている。

イベントを開催しよう

軽トラ市会場は、お買い物をするだけでなく、様々なイベントが開催される場所でもあります。事務局が企画するもの、出店者が企画するもの、外部団体からの持ち込み企画もあります。来街者数が増えると、地域の様々な活動の広報や発表の場としても活用されるようになってきます。楽しいイベントを企画して、運営者も一緒に軽トラ市を楽しみましょう。

軽トラの荷台をステージにしたライブパフォーマンス。

会場内を練り歩く和太鼓演奏。

スタッフもライブ演奏で盛り上がる。

片付けよう

軽自動車が店舗になる軽トラ市は、設置、撤収の簡単さが利点です。手際よく片付けましょう。道路で開催する場合は、車両通行止め解除の時間が決まっていますので、撤収は時間厳守です。火を使用した出店者や、まだ慣れていない新しい出店者などに気を配りましょう。通行止め解除の際には、会場アナウンスと巡回によって、道路上に歩行者がいないことをしっかり確認しましょう。

終了後は、次回開催で再会できることを期待して、来街者、出店者を感謝で見送りましょう。

備品運搬に活躍するのはやっぱり軽トラ。

退場する出店者の車両を手を振って見送る。

軽トラ市の企画から開催までのおおまかな流れをイメージいただけたでしょうか。運営方法は事務局体制や開催場所、開催規模によって、千差万別です。

次ページ以降に全国各地で開催されている軽トラ市のリストをまとめました。開催場所、開催頻度、開催規模なども記載しております。旅行気分でぜひ、全国各地の様々なタイプの軽トラ市を訪れてみてください。

説明を受けたい場合は、問合せ先も記載しておりますので、必ず事前連絡を入れてからのご訪問をお願いいたします。

2) 主要軽トラ市リスト

全国で開催されている主要な軽トラ市をご紹介します。ぜひ軽トラ市に行って、見て、感じてみましょう。

掲載内容は 2024 年 1 月時点のものです。掲載内容が変更となっている場合がありますので、各軽トラ市にご確認の上、お出かけください。

［岩手県］元祖しずくいし軽トラ市

問合せ先：雫石商工会
TEL　019-692-3321
E-mail　shizukuishi@shokokai.com
開催場所：雫石よしゃれ通り商店街
（岩手県雫石町上町周辺）
開催日時：5 月～11 月第 1 日曜日、7 月のみ第 2 日曜日
9 時～13 時
出店台数：約 60 台
軽トラ市開始年：2005 年

《詳細は第 3 章》

【軽トラ市 PR】

元祖しずくいし
軽トラ市実行委員長
相澤潤一さん

雫石よしゃれ通り商店街を歩行者天国にして、新鮮な野菜や果物、海産物、工芸品等、自慢の品物を、軽トラの荷台に乗せて直接販売しています。皆様のお越しをお待ちしております。

［愛知県］しんしろ軽トラ市のんほいルロット

問合せ先：新城市商工会
TEL　0536-22-1778
E-mail　shokokai@shinshiro.or.jp
開催場所：新城中央通り商店街
（愛知県新城市町並 304-4 付近）
開催日時：毎月第 4 日曜日　9 時～12 時 30 分
出店台数：約 75 台
軽トラ市開始年：2010 年

《詳細は第 3 章》

【軽トラ市 PR】

しんしろ軽トラ市
のんほいルロット
ワーキンググループリーダー
森一洋さん

大人気の五平餅のほか、揚げたてのコロッケやフランクフルト、商店街の豆腐店のお惣菜や精肉店などの地元グルメも。ミニライブもあり、楽しいひと時をお過ごしいただけます。ご来場をお待ちしております。

［宮崎県］「定期朝市」トロントロン軽トラ市

問合せ先：川南町商工会（TMO）
TEL　0983-27-0501
E-mail　tmotron@miya-shoko.or.jp
開催場所：川南町トロントロン商店街
（宮崎県川南町大字川南 13680-1）
開催日時：毎月第 4 日曜日　8 時～11 時 45 分
出店台数：約 130 台
軽トラ市開始年：2006 年

《詳細は第 3 章》

【軽トラ市 PR】

「定期朝市」トロントロン
軽トラ市代表
宮崎吉敏さん

日本最大の軽トラ市。採れたての野菜や果物、新鮮な肉や魚、できたての料理、手作りの温かみ。目で、鼻で、舌で、心で楽しむ、ネットでの買い物では味わえない醍醐味がここにはあります。

［北海道］江差産直マルシェ軽トラ市

問合せ先：江差町役場 産業振興課商工係
TEL 0139-52-6729
開催場所：旧江光ビル跡地（北海道江差町字新地町）
江差町文化会館敷地（北海道江差町字茂尻町）
開催日時：7月～10月、年2～3回
14時～15時30分（予定）
出店台数：約7台
軽トラ市開始年：2020年

【軽トラ市PR】

旬の新鮮な野菜のほか、漁次第で新鮮な海産物も販売。漁協女性部の皆さんが製造した加工品や惣菜なども販売しています。

［青森県］なんぶ軽トラ市

問合せ先：なんぶ軽トラ市実行委員会（中居誠）
TEL 0179-23-3687
E-mail mackthesakko@yahoo.co.jp
開催場所：南部町ふれあい交流プラザ（青森県三戸郡南部町大字大向字泉山道9-87）
開催日時：5月～11月毎週土曜日、5時～7時
出店台数：約8台
軽トラ市開始年：2009年

【軽トラ市PR】

なんぶ軽トラ市
実行委員会
中居誠さん

早朝から開催しており、新鮮な農産物や食料品、日用品を販売しています。地域の皆さんの交流の場となっています。

［岩手県］かまいし軽トラ市

問合せ先：釜石市役所 産業振興部水産農林課
TEL 0193-27-8426
開催場所：市民ホールTETTO前広場他
（岩手県釜石市大町1-1）
開催日時：7月～11月の第3日曜日、10月のみ第4日曜日、9時～12時 ※2023年実績
出店台数：15台
軽トラ市開始年：2020年

【軽トラ市PR】

初開催から4年目を迎える軽トラ市です。地元産の農産物や水産加工品を中心とした販売があり、スタンプラリーでは、釜石産農産物などのプレゼントを行っています。

［栃木県］あしかが坂西軽トラ市

問合せ先：足利市坂西商工会（担当：田﨑）
TEL 0284-62-0346
開催場所：千蔵院門前通り
（栃木県足利市葉鹿町307～334周辺）
開催日時：6月第1日曜日、10月第3日曜日
8時～11時30分 ※2023年実績
出店台数：約40台
軽トラ市開始年：2011年

【軽トラ市PR】

あしかが坂西軽トラ市
実行委員長
田中美雄さん

地元坂西地区以外からも出店があり、飲食物から雑貨など様々な物が販売されます。また、ステージでの吹奏楽演奏や、当日お店で買い物をするともらえる抽選券（数量限定）による「抽選会」があります。

[群馬県] いせさき軽トラ朝市

問合せ先：伊勢崎商工会議所 商工振興課
TEL　0270-24-2211
E-mail　info@isesaki-cci.or.jp
開催場所：いせさき明治館東側市道
（群馬県伊勢崎市曲輪町 31-4 付近）
開催日時：3・5・6・10・11 月の第 3 土曜日
8 時 30 分～11 時 30 分
出店台数：30～40 台
軽トラ市開始年：2012 年

【軽トラ市 PR】

伊勢崎市内のほか、市外や隣県からも出店される方が多いです。とれたて野菜や雑貨品、ポップコーンや綿菓子などもあるので大人はもちろん、子どもも楽しむことができるのが特徴です。

[東京都] こがねい軽トラ市

問合せ先：小金井市観光まちおこし協会
TEL　042-316-3980
E-mail　info@koganei-kanko.jp
開催場所：わくわく都民農園小金井、大久保園
（東京都小金井市本町 2 丁目 8-6）
開催日時：年 1 回　11 時～16 時
出店台数：7 台
軽トラ市開始年：2023 年

【軽トラ市 PR】

小金井市観光
まちおこし協会事務局
千葉幸二さん

こがねい軽トラ市は、2023 年 3 月開始の地域交流を重視したイベントです。武蔵小金井駅近の農園に地元の事業者・住民が集い、交流する場として、多彩な商品や催し物を取り揃えてお待ちしております。

[新潟県] つむぎ通り軽トラ市

問合せ先：塩沢商工会
TEL　025-782-1206
開催場所：つむぎ通り（JR 上越線塩沢駅前通り）
（新潟県南魚沼市塩沢 1314）
開催日時：5 月～11 月の第 1 日曜日　9 時～13 時
出店台数：約 50 台
軽トラ市開始年：2010 年

【軽トラ市 PR】

地元のほか、市外や近県から出店があり、地元の方や越後湯沢からの観光客などにご来場いただいています。山菜や地元の農産物、古着やケータリングカー、手作り雑貨など幅広い出店があります。

[長野県] しののい軽トラ市

問合せ先：ながの軽トラ市 in 篠ノ井実行委員会
TEL　070-6649-5620
開催場所：JR 篠ノ井駅前通り
（長野県長野市篠ノ井布施高田 895-1）
開催日時：5・6・8・9・10・11 月の第 4 日曜日
8 時～11 時
出店台数：50～60 台
軽トラ市開始年：2011 年

【軽トラ市 PR】

ながの軽トラ市 in 篠ノ井
初代実行委員長
酒井春人さん

山国を象徴する採れたての農産物を中心に地元の名産品、包丁研ぎ、農業高校の生産物などさまざまな品が並びます。第 7 回全国大会開催を機に、出店台数、お客さんも増え、ますます活気をみせています。

[岐阜県] 輪之内軽トラ朝市

問合せ先：輪之内町役場 産業課
TEL　0584-69-3138
開催場所：輪之内町エコドーム 東側駐車場
（岐阜県安八郡輪之内町四郷 2530-1）
開催日時：毎月第 2・第 4 日曜日　8 時 30 分〜10 時 30 分
（7〜9 月は 8 時〜10 時）
出店台数：20〜30 台
軽トラ市開始年：2013 年

【軽トラ市 PR】

・新鮮な野菜を安く購入できる。
・住民の交流の場になっている。
・軽トラ朝市の存在が、輪之内町を知ってもらうきっかけになっている。

[静岡県] わくわくふくらむ軽トラマーケット

問合せ先：一般社団法人南富士山シティ
Instagram　@iwanami_kitchen
E-mail　minamifujisan.iguchi@gmail.com
開催場所：いわなみキッチン
（静岡県裾野市岩波 249-1）
開催日時：不定期（2 か月に 1 回ほど）
10 時〜14 時
出店台数：6 台
軽トラ市開始年：2021 年

【軽トラ市 PR】

一般社団法人
南富士山シティ
井口宏美さん

会場敷地内に入る軽トラは最大 6 台。富士山が近く、溶岩が特徴の美しい川沿いが会場です。地域で活躍する人たちや住民が、出会って話して繋がって、小さくても大きな一歩が始まる場です。

[静岡県] 河津寄って軽トラ市

問合せ先：河津寄って軽トラ市実行委員会（河津町商工会内）
TEL　0558-34-0821
E-mail　kawazu-s@k-kappa.com
開催場所：姫宮通り（河津町立河津小学校正門前の通り）
（静岡県賀茂郡河津町笹原 328-1 付近）
開催日時：年 4 回　3・6・9・12 月　9 時〜12 時
6 月・12 月第 2 日曜日、3 月・9 月第 4 日曜日
出店台数：約 30 台
軽トラ市開始年：2013 年

【軽トラ市 PR】

河津寄って軽トラ市
実行委員会委員長
植松慶司さん

当地域ならではの海の幸、山の幸が豊富に揃い、老若男女問わず多くの来場者で賑わいます。2023 年 12 月には開催 10 周年を迎え、地域の賑わいの創出と出会いの場としてさらなる進化をとげています。

[静岡県] 富士本町軽トラ市

問合せ先：富士本町商店街振興組合
TEL　0545-61-0715
E-mail　fhsk@rainbow.plala.or.jp
開催場所：富士本町商店街（静岡県富士市本町）
開催日時：年 3 回（2・6・10 月）　9 時 30 分〜14 時
出店台数：80 台
軽トラ市開始年：2014 年

【軽トラ市 PR】

販売品目が多様で、幅広い年齢層の方が楽しくお買い物ができます。市役所、商工会議所、学生ボランティアの協力が得られており、イベントの同時開催や、音楽やパフォーマンスイベントも行っています。

［静岡県］かけがわけっトラ市

問合せ先：かけがわ街づくり株式会社
TEL　0537-61-1151
開催場所：JR 掛川駅北口 駅前通り（静岡県掛川市駅前）
開催日時：3･5･9･12 月の第 3 土曜日　9 時～12 時
※2024 年度から開催回数を変更しました
出店台数：約 30 台
軽トラ市開始年：2010 年
（「けっトラ市」とは、軽トラックを方言で「けっトラ」と呼ぶことに由来しています。）

【軽トラ市 PR】

かけがわけっトラ市
実行委員会会長
落合悟さん

静岡県内で最も歴史のある「けっトラ市」です。街なかの賑わいと、農産物の地産地消を目的に開催。地域の特産品でもある「掛川茶」の生産者も複数出店。抽選会、ライブも行います。ぜひご来場ください。

［静岡県］みんなで軽トラ市 いわた☆駅前楽市

問合せ先：磐田商工会議所
TEL　0538-32-2261
開催場所：JR 磐田駅前商店街ジュビロード
（静岡県磐田市中泉）
開催日時：3･5･9･12 月の第 2 日曜日
9 時～12 時
出店台数：91 台
軽トラ市開始年：2011 年

【軽トラ市 PR】

みんなで軽トラ市
いわた☆駅前楽市
実行委員会代表幹事
山下貢史さん

出店者が通りを埋め尽くす景色は、まさに圧巻！地場産の野菜やお茶、福田港直送のシラス、高校生が作る人気スイーツ、磐田市のキャラクター“しっぺい”グッズなど、ここでしか手に入らないものばかり！

［静岡県］軽トラはままつ出世市

問合せ先：浜松商工会議所 商業観光課
TEL　053-452-1114
開催場所：浜松市中心部鍛冶町通り
（静岡県浜松市中央区鍛冶町）
開催日時：11 月第 4 日曜日　10 時 30 分～14 時 30 分
出店台数：60 台
軽トラ市開始年：2015 年

【軽トラ市 PR】

軽トラはままつ出世市
実行委員長
河合正志さん

歩行者天国になった通りに、軽トラ 60 台が大集合！浜松・浜名湖の新鮮な食材や特産品を販売。当日は、イベントステージでのキッズパフォーマンスや法多山厄除け団子の販売等、イベントが盛りだくさん！

［愛知県］弘法発展会・寺の市

問合せ先：弘法発展会･寺の市 代表　梨本二郎
TEL　090-5457-0022
E-mail　triumph5@katch.ne.jp
開催場所：弘法山遍照院
（愛知県知立市弘法町弘法山 19）
開催日時：毎月第 3 日曜日（8 月を除く）
9 時～13 時
出店台数：100 台
軽トラ市開始年：2010 年

【軽トラ市 PR】

出店者参加型のイベントを実施しています。ふるまいなど、来場者に楽しんでもらえるイベントを企画することで、スタッフも出店者も来場者も来てよかったと思っていただけるよう工夫をしています。

［三重県］松阪えきまえ楽市

問合せ先：松阪市駅前通り商店街振興組合
TEL　0598-23-0278
E-mail　belltown@grace.ocn.ne.jp
開催場所：ベルタウン中通り（三重県松阪市日野町）
開催日時：毎月第3土曜日　9時〜13時
出店台数：約18台
軽トラ市開始年：2010年

【軽トラ市PR】

松阪市駅前通り商店街振興組合理事長
中村哲也さん

商店街の売出し（べるたうん楽座）では、ジャストプライスセールも同時開催。お子様用ミニイベントも開催しています。

［兵庫県］丹波甲賀の里 軽トラ市

問合せ先：丹波市商工会 本所　TEL 0795-82-3476
中央地区自治振興会　TEL 0795-82-9800
E-mail　chuou.active.circle@gmail.com
開催場所：成松商店街、同地内駐車場、民家軒先等
（兵庫県丹波市氷上町成松）
開催日時：8月24日(毎年固定日）愛宕祭り内
10月最終土曜日 ハロウィンイベント
3月第3〜4週（日曜日）　毎年恒例行事
出店台数：約15〜25台
軽トラ市開始年：2010年

【軽トラ市PR】

中央アクティブサークル代表
谷垣忠司さん

地元の有志で企画・運営しており、出店者も地元の方がメイン。他団体にも関わってもらい合同企画を実施。ハロウィンではメンバー全員で仮装しイベント運営。メンバーが楽しむことが最優先。

［和歌山県］九度山まちなか軽トラ市

問合せ先：九度山町商工会
TEL　0736-54-4268
開催場所：東会場　「真田のみち」郵便局前付近
（和歌山県伊都郡九度山町九度山1339）
西会場 旧紀陽銀行付近
（和歌山県伊都郡九度山町九度山1494-1）
開催日時：毎月第3日曜日　10時〜12時
出店台数：10〜15台
軽トラ市開始年：2016年

【軽トラ市PR】

九度山まちなか軽トラ市役員
湊弘光さん

2024年6月が100回記念開催となります。季節商材と対面販売が軽トラ市の良さです。今後は出店店舗及び取扱商品を増やし、地域や消費者に喜んでもらえる軽トラ市として継続したいと考えています。

［島根県］うんなんまめなカー市

問合せ先：雲南市商工会
TEL　0854-45-2405（代表）
開催場所：まめなか広場（雲南市三刀屋町）他
開催日時：不定期開催　10時〜13時
出店台数：10〜15台
軽トラ市開始年：2009年

【軽トラ市PR】

市民と名店がまめなか広場に集う「まめなカー市」。惣菜、農産加工品、お菓子や木工品などを販売のほか、イベントも開催。会場では皆「まめなかね（出雲弁）」（＝元気ですか）とごあいさつ。

［広島県］とも・潮待ち軽トラ市

問合せ先：とも・潮待ち軽トラ市実行委員会
TEL　090-4654-4628
開催場所：沼名前神社参道
（広島県福山市鞆町後地 1225）
開催日時：毎月第 4 日曜日　8 時～11 時 30 分
出店台数：15～20 台
軽トラ市開始年：2011 年

【軽トラ市 PR】

とも・潮待ち軽トラ市
実行委員長
小川真平さん

生産者が自ら店頭に立ち販売。消費者は生産者と顔を合わせ、会話を楽しみながら買い物を楽しむ。昔は当たり前だった「対面販売」。古き良き時代の「市場」がここにはあります。

［山口県］軽トラ新鮮組！

問合せ先：岩国市中通商店街振興組合
TEL　0827-22-3978
E-mail　admin@nakadoori.jp
開催場所：岩国市中通商店街振興組合 アーケード通り
（山口県岩国市麻里布町 3 丁目 13-2）
開催日時：毎月第 3 日曜日（8 月を除く）　10 時～13 時
出店台数：8～25 台
軽トラ市開始年：2009 年

【軽トラ市 PR】

岩国市中通商店街
振興組合
藤田信雄さん

里山と街の文化交流を目的に商店街が間に立つイベント。米軍岩国基地とともに日米交流も図る、古参軽トラ市。

［愛媛県］のむら軽トラ市

問合せ先：笑心の会（西予市野村支所内）
TEL　0894-72-1115
E-mail　koji.sakai@city.seiyo.ehime.jp
開催場所：乙亥会館周辺
（愛媛県西予市野村町野村 12-10）
開催日時：奇数月の第 3 土曜日　10 時～14 時
出店台数：10～25 台
軽トラ市開始年：2013 年

【軽トラ市 PR】

笑心の会
会長
清家芳徳さん

のむら軽トラ市は、人とモノの相互交流を図り、野村町の産業振興及び中心市街地の活性化を目指しています。フレキシブルな対応と楽しいことは取り入れる精神で、野村町の魅力発信を続けています。

［高知県］地産地消ごめんの軽トラ市

問合せ先：南国市商工会
TEL　088-864-3073
E-mail　nankoku@kochi-shokokai.jp
開催場所：後免町商店街（高知県南国市後免町）
開催日時：年 3 回　9 時～13 時
（2023 年度実績　2023 年 6 月・10 月、
2024 年 2 月）　※年ごとに変化
出店台数：12～15 台
軽トラ市開始年：2009 年

【軽トラ市 PR】

地産地消ごめんの
軽トラ市実行委員会
実行委員長
掛水伸一さん

開催場所は別名『やなせたかしロード』。商店街にはアンパンマンと仲間たちの石像がいたる所にあり、スタンプラリーが大人気です。軽トラ市は子どもから大人までたくさんの人で賑わっています。

［佐賀県］吉野ヶ里夢ロマン軽トラ市

問合せ先：吉野ヶ里町商工会
TEL　0952-52-4644（代表）
開催場所：吉野ヶ里歴史公園東口 大型バス駐車場
（佐賀県神埼郡吉野ヶ里町田手 1843）
開催日時：毎月第 1 日曜日（1 月・5 月のみ第 2 日曜日）
8 時～11 時 30 分
出店台数：120 台
軽トラ市開始年：2010 年

【軽トラ市 PR】

吉野ヶ里夢ロマン
軽トラ市実行委員会
実行委員長
福山和彦さん

新鮮な野菜や果物、海産物、工芸品等の自慢の品物をお手頃価格で販売。毎月たくさんのお客様に来ていただいております。抽選会も軽トラ市の目玉。来て、見て、楽しい軽トラ市！ぜひ一度お越しください！

［大分県］しもげ大軽トラ市

問合せ先：中津市三光支所 地域振興課
TEL　0979-43-2050
E-mail　sk-chiiki@city.nakatsu.lg.jp
開催場所：しもげ地域
（三光・本耶馬渓・耶馬渓・山国地域）
開催日時：年 1 回　※開催月・日時未定
出店台数：30～60 台
軽トラ市開始年：2022 年

【軽トラ市 PR】

中津市 4 支所合同で行われる、地域資源のポテンシャルを活かした農産品等の販売イベント。地域の知られざる魅力を発見できる場です。イベントも行われ、しもげ地域の魅力が詰め込まれた軽トラ市です。

［宮崎県］いっちゃが宮崎・楠並木朝市

問合せ先：いっちゃが宮崎・楠並木朝市実行委員会
TEL　080-1780-3058（顧問 中馬章一）
090-3282-1639（事務局長 道休）
開催場所：宮崎県庁前橘並木通り
（宮崎県宮崎市橘通東 2 丁目）
開催日時：毎月第 1・第 3 日曜日　8 時～12 時
（1 月は第 3 日曜日のみ）
出店台数：50 台前後
軽トラ市開始年：2007 年

【軽トラ市 PR】

いっちゃが宮崎・
楠並木朝市
実行委員会顧問
中馬章一さん

地元商店主、後援団体の職員合わせて10 名程度で、県内の農水産物・木工品等地産地消を目的に運営。樹齢 120 数年のクスノキ（28 本）が林立し、うっそうとした景観に定評があります。

［宮崎県］きよたけはんきゅう軽トラ市

問合せ先：清武町商工会
TEL　0985-85-0173
開催場所：宮崎市清武文化会館前
（宮崎県宮崎市清武町西新町 6-5）
開催日時：毎月第 2 日曜日　9 時～12 時
出店台数：約 15 台
軽トラ市開始年：2009 年

【軽トラ市 PR】

人々が集い商店街の活性化につながる軽トラ市は、清武を元気にする施策の一つと考えて毎回実施しています。出店者との意見交換も大事だと思い、巡回して意見を聞いているところです。

［沖縄県］勝山軽トラ市

問合せ先：有限会社勝山シークヮーサー・
勝山軽トラ市事務局
TEL　0980-53-8686
開催場所：有限会社勝山シークヮーサー構内
（沖縄県名護市字勝山9番地）
開催日時：毎月第4日曜日　8時30分～12時
出店台数：16～20台
軽トラ市開始年：2017年

【軽トラ市PR】

勝山軽トラ市
代表
安村弘充さん

シークヮーサーの生産者が主体。名桜大学健康学科の無料健康チェックや健康飲料の無料配布、シークヮーサージュースの無料試飲、新鮮野菜・花木類・めだか等、出店者も来場者も楽しい勝山軽トラ市。

○軽トラ市に関する情報サイト

◇一般社団法人日本自動車工業会「全国軽トラ市情報」
https://k-truck.jama.or.jp/

◇愛知大学三遠南信地域連携研究センター
「YouTubeチャンネル」
https://www.youtube.com/@aidai_sanennanshin
・しんしろ軽トラ市のんほいルロットでの活動
・軽トラ市 in ジャパンモビリティショー ～活動全般編～
・軽トラ市 in ジャパンモビリティショー ～出店者インタビュー編～

参考文献

・戸田敏行（２０２０〜２０２３）「データでみる軽トラ市（1〜19）」『軽自動車情報』（全国軽自動車協会連合会）　２０２０年６月号Ｖｏｌ８１４〜２０２１年８月号Ｖｏｌ８２８、２０２２年２月号Ｖｏｌ８３４号、２０２２年６月号Ｖｏｌ８３８、２０２２年８月号Ｖｏｌ８４０、２０２３年10月号Ｖｏｌ８５４
・戸田敏行（２０２１）「特集：柔軟化する都市」『地域開発』（日本地域開発センター）２０２１秋、Ｖｏｌ６３９
・戸田敏行（２０２１）「可動商店街『軽トラ市』の現状と展望」『人と国土21』（国土計画協会）第47号第２号
・大西隆・戸田敏行＋スマートリージョン研究会（２０２４）『ＤＸ時代の広域連携―スマートリージョンを目指して―』（学芸出版社）
・愛知大学三遠南信地域連携研究センター（２０１９）『越境地域政策研究論集』（愛知大学三遠南信地域連携研究センター）
・戸田敏行（２０１４）『自治体職員の感動意識〜新城市役所実態調査報告〜』（愛知大学中部地方産業研究所）
・三遠南信地域連携ビジョン推進会議（２０１９）『第２次三遠南信地域連携ビジョン』（三遠南信地域連携ビジョン推進会議）
・川添　登（１９６８）『移動空間論』（鹿島出版会）
・上田　篤（１９７９）『くるまは弱者のもの　ツボグルマの提唱』（中公新書）

・石原　潤（１９８７）『定期市の研究　―機能と構造―』（名古屋大学出版会）
・関　満博（２０１５）『中山間地域の「買物弱者」を支える　移動販売・買い物代行・送迎バス・店舗設置』（新評論）
・新　雅史（２０１２）『商店街はなぜ滅びるのか　社会・政治・経済史から探る再生の道』（光文社新書）
・中西孝樹（２０１５）『オサムイズム　〝小さな巨人〟スズキの経営』（日本経済新聞出版社）
・世良耕太（２０２２）『積んで・運んで　日本を支えたスズキ・キャリイ　スズキ・キャリイ６０周年』（三栄）

軽トラ市研究チーム

愛知大学三遠南信地域連携研究センター

愛知大学三遠南信地域連携研究センター（以下、本センター）は、行政境界を跨ぐ越境をテーマにした地域政策の研究と活動を推進している。直接の対象地域である三遠南信地域とは、愛知県東三河地域、静岡県遠州地域、長野県南信州地域から成る、県境を跨ぐ越境地域である。2013 ～ 2018 年は文部科学省共同利用・共同研究拠点の「越境地域政策研究拠点」として全国およびアジアの越境地域の研究、引き続き 2018 ～ 2021 年は同省私立大学研究ブランディング事業として、「『越境地域マネジメント研究』を通じて縮減する社会に持続性を生み出す大学」をテーマとした研究を実施してきた。軽トラ市研究は、その一環として取り組んできたものである。

本書執筆体制

本書は、本センターに設けた軽トラ市研究チームによって作成した。編集はチーム代表の戸田が行い、1 章、3 章、5 章の各インタビューはチーム全体で行っている。また、2 章、4 章の研究は、地域政策学部戸田ゼミナールでの研究が基になっている。各章の執筆担当は略歴に記したとおりであるが、執筆内容は 8 年間の本センターおよび戸田ゼミナールの活動や研究成果をベースにしたものである。

軽トラ市研究チームの構成

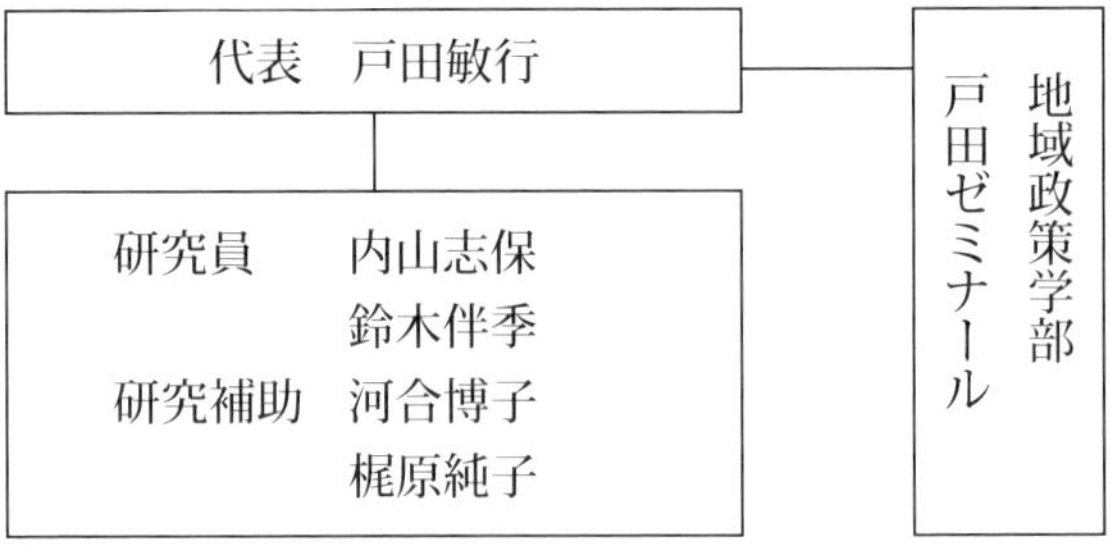

著者略歴（本書執筆担当）

戸田敏行 （1章、2章、4章、5章、6章）

愛知大学三遠南信地域連携研究センター長。軽トラ市研究チーム代表。

1956年兵庫県生まれ。豊橋技術科学大学工学部建設工学課程卒業、同大学院修士課程建設工学専攻修了、同大学院博士課程環境・生命工学修了、博士（工学）。公益社団法人東三河地域研究センターを経て、愛知大学地域政策学部教授。主な著書に「県境を越えた開発」（編著、1989、日本放送出版協会）、「越境地域政策への視点」（編著、2014、愛知大学三遠南信地域連携研究センター）、「DX時代の広域連携」（編著、2024、学芸出版社）。

内山志保（3章、付録1）

愛知大学三遠南信地域連携研究センター研究員。全国の軽トラ市に関する運営実態および軽トラ市の持つ新規機能に関する研究を行う。

大阪大学人間科学部卒業、名古屋市立大学大学院芸術工学研究科修了、修士（芸術工学）。現在、大阪大学大学院人間科学研究科博士後期課程在籍。2019年10月から2023年3月まで愛知大学三遠南信地域連携研究センター研究助教。一級建築士。

鈴木伴季（付録2）

愛知大学三遠南信地域連携研究センター研究員。軽トラ市研究に関する基礎調査の実施、三遠南信軽トラ市ネットワーク会議の運営を行う。

1974年静岡県生まれ。愛知大学文学部地理学専修卒業、同大学院修士課程文学研究科地域社会システム専攻修了、修士（地域社会システム）。同大学院博士後期課程単位取得退学。

軽トラ市　まちが活きる可動商店街

2024年4月1日　初版第1刷発行

監　修	愛知大学三遠南信地域連携研究センター
編著者	戸田　敏行
著　者	内山　志保、鈴木　伴季
発行者	小林　英世
発行所	株式会社　交　文　社
	〒162-0041 東京都新宿区早稲田鶴巻町 570
	TEL　03-3202-7660（代表）
印刷・製本	電算印刷株式会社

ISBN978-4-910678-11-5
©Toshiyuki Toda　2024　Printed in Japan